Collecti

di
Jean-(
et Pier.

André Vacher a séjourné quinze ans au Canada (de 1967 à 1982) pour le compte d'une chaîne de télévision française. De nombreux voyages dans le Grand Nord lui ont apporté une sérieuse connaissance des Eskimos, des Indiens et de la faune, et lui ont inspiré les romans suivants : *Amaamak Drame en Arctique*, (éditions Nathan) ; *La Louve de Kaniapiskau*, (La Presse, Montréal) ; *Trappeurs et Chercheurs d'Or du Canada* (Rouge et Or) ; *L'Eté du Grizzly* (La Presse, Montréal et publié en anglais par Western Prairie Books, Saskatoon) ; *La Part du Loup* (La Presse, Montréal).

Jame's Prunier est né le 25 avril 1959. Ses parents sont normands mais il habite la région de Nancy depuis une quinzaine d'années. Rêvant, dès son enfance, de réaliser des bandes dessinées, il suit les cours de l'Ecole de l'Image, à Epinal. Il s'inscrit ensuite à l'Ecole des Beaux-Arts de Nancy avant de se tourner résolument vers l'illustration. Parallèlement au dessin, il s'intéresse à tous les sports mais pratique assidûment le judo et le vélo.
Il a déjà illustré pour les éditions Gallimard : *Une Balle perdue*, de Joseph Kessel, *Croc-Blanc* et *Le Fils du Loup*, de Jack London (Folio Junior) ; *Mermoz* (Cadet Biographie) ; et *Le Livre des trains* (Découverte Cadet).

Pierre-Marie Valat a dessiné la couverture de *Noulouk*. Il est né à Saumur en 1953, et a étudié à l'école des Arts décoratifs de Paris. Il aime inventer des images-choc, des images à double sens que l'on rencontre souvent sur ses couvertures de romans policiers ; mais il réalise aussi des images plus tendres, plus poétiques.

L'histoire de Noulouk est vraie. Elle se situe à Igloolik, un des rares villages où subsistent encore des attelages de chiens.

Il en est des chiens comme des hommes, certains se voient malgré eux promus à un destin exceptionnel. Celui de Noulouk a choisi pour cadre les immensités du Grand Nord canadien. Pays rude et sauvage, où le geste le plus ordinaire peut devenir vital, quand la vie prend, sans crier gare, le cruel visage de la survie. Chaque loup, chaque ours, chaque phoque, chaque animal arctique reçoit à sa naissance quelques moyens de faire face à ces situations désespérées. Par l'homme. Lui doit tout apprendre. Et le plus souvent des animaux eux-mêmes.

Mais il possède un allié sûr : le chien. Qu'il soit husky ou malamute, qu'il ressemble à un loup ou à un ours, le chien du Grand Nord a joué un rôle essentiel dans l'établissement des Eskimos sur une terre aussi inhospitalière. Depuis quatre mille ans, il met à leur service son courage et sa force. Et aussi, pour quelques-uns, une intelligence proprement stupéfiante.

Tel est le cas de Noulouk, dont le dur métier de chien de traîneau sollicite à longueur de piste les qualités peu communes.

Si tu possèdes un bon attelage,
ta vie t'appartient.
Proverbe inuit

A la mémoire de mon père.

André Vacher

Noulouk

Illustrations de Jame's Prunier

Gallimard

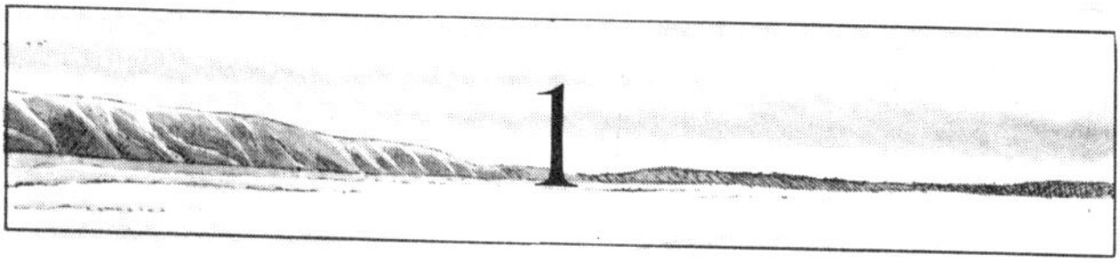

1

Curieusement, l'histoire de Noulouk débute avant sa naissance. Il en est quelquefois ainsi pour les grands chiens de traîneau, car les capacités de leurs parents donnent souvent de bonnes garanties sur leur comportement futur.

Les parents de Noulouk, son père Ayok et sa mère Youka, étaient tous deux d'excellents chiens. Des chiens de tête, les plus doués de la meute. Grâce à beaucoup d'autorité, Ayok s'imposait, en outre, comme le chef absolu. Dans un attelage, on trouve d'ordinaire un chien qui comprend parfaitement les ordres du conducteur pour pouvoir mener ses compagnons, et un autre, le plus fort, qui fait régner la discipline. Ayok réunissait toutes ces qualités et l'attelage qu'il commandait était le meilleur de ce village d'Igloolik, perdu dans le Grand Nord canadien. Le meilleur pour l'Eskimo Natumak qui en était le maître, mais pas pour son ami Amaamak qui, de la même façon, revendiquait le titre avec sa chienne Youka. Comme tous les Eskimos, ceux-là étaient très fiers de leurs chiens, et les discussions n'en finissaient jamais au sujet des mérites respectifs d'Ayok et de Youka.

Amaamak et Natumak vivaient essentiellement de chasse et de pêche, et aussi un peu de leur talent de sculpteurs : la fréquentation continuelle du gibier leur permettait d'en fixer aisément l'expression dans la pierre, l'os ou l'ivoire. Amis depuis longtemps, les deux hommes partaient souvent à la chasse ensemble, car dans ces régions désertes du Dos de la Terre, on n'est jamais trop de deux pour vaincre les dangers propres à chaque périple, dans la toundra comme sur la banquise. Et c'est justement lors d'une de ces sorties que Natumak fit à Amaamak la proposition suivante.

— Bien que mon attelage soit au mieux de sa forme, je dois quand même préparer la relève de deux ou trois de mes bêtes. Je pense que c'est un peu la même chose pour toi, alors on devrait accoupler Ayok et Youka et se partager la portée... Ça ne peut être que de bon chiens.

— Je suis d'accord, répondit Amaamak, mais qui fera le premier choix parmi les chiots ?

— Ah ! oui, c'est un problème, dit Natumak, persuadé lui aussi qu'un chien tout à fait exceptionnel pouvait naître d'un tel accouplement.

— Ça devrait être moi, enchaîna Amaamak sans lui laisser le temps de réfléchir, puisque Youka m'appartient et que c'est elle qui aura à porter et nourrir les petits !

— Oui, mais c'est mon Ayok qui la couvrira, et comme aucun chien ne l'égale...

Les deux hommes restèrent pensifs un moment, puis Amaamak trancha :

— Eh bien ! nous tirerons au sort.

— C'est d'accord, nous tirerons au sort, et, ajouta Natumak avec un grand rire, l'un de nous possédera sans doute ce jour-là un chien qui ne tardera pas à étonner le village.

Puis ils firent comme ils en avaient décidé. Dès que Youka fut en chaleur on lui présenta Ayok et tout se passa pour le mieux, ce qui n'est pas toujours le cas avec les chiens de traîneau qui entretiennent souvent d'un attelage à l'autre de sourdes haines qui les font se battre à la moindre occasion.

A partir de ce jour, Amaamak surveilla particulièrement sa chienne. Certes, il prenait déjà grand soin d'elle, mais à présent, il voulait absolument lui éviter le moindre incident qui puisse compromettre la naissance d'une belle portée. Il en allait de son honneur devant Natumak. Il évitait surtout qu'elle se batte et corrigeait sans ménagement tout animal qui lui créait des problèmes. Régulièrement il palpait ses flancs, et lorsqu'il constata qu'ils s'arrondissaient, il devint moins exigeant envers elle. Dans ses tournées sensiblement écourtées, il contournait à présent les mauvais passages de banquise nécessitant de trop gros efforts. Il accordait des pauses plus fréquentes et laissait Youka mener l'attelage à sa pro-

pre cadence, sans jamais la forcer. Puis, quand son ventre déborda sous l'épaisse fourrure grise et que sa démarche perdit en souplesse, la chienne fut dispensée du harnais et même autorisée à dormir sous le porche. C'était la seule raison qui pouvait permettre à un chien d'entrer dans la maison de son maître. Dans le Grand Nord, chaque habitation comporte un porche bien fermé qui, en hiver, repousse mieux qu'une simple porte l'air glacial au dehors, tout en retenant la chaleur dans la maison. L'Eskimo entrepose quantité d'affaires sous ce porche : ses armes, ses outils, la pierre pour les sculptures, sa réserve de pétrole... et même la nourriture, car la température y descend bien en dessous du point de congélation. S'il y fait cependant beaucoup moins froid qu'à l'extérieur, c'est surtout parce que le vent n'y pénètre pas. Pour le confort de Youka, Amaamak avait déposé dans un coin une peau de caribou repliée, qui faisait une couche moelleuse comme très peu de chiens eskimos en connaissent, habitués à coucher dehors par tous les temps.

Ce changement décontenançait la chienne. Elle, qui restait rarement plus de trois jours sans tirer le traîneau, se trouvait maintenant confinée à ce

réduit, ou bien attachée à son poteau derrière la maison, les jours où le blizzard ne soufflait pas. Au début, elle prostestait de ne pouvoir suivre ses compagnons lorsqu'elle les voyait partir avec Amaamak et clamait sa peine longtemps encore après que la piste les eut absorbés. Mais depuis une dizaine de jours elle ne mêlait même plus ses cris aux leurs quand l'Eskimo sortait du porche avec les harnais. Elle se sentait incapable de les accompagner. Son ventre, devenu énorme, lui accordait tout juste le loisir de marcher. Amaamak redoublait d'attention envers elle. Chaque soir il lui donnait de larges portions de viande de caribou, ou bien des poissons, et remplissait soigneusement sa casserole d'eau avant de la laisser. Il l'avait remplacée à la tête de l'attelage par Kalik, un chien de quatre ans répondant bien aux ordres, mais dont la promotion ne plaisait pas à tous ses compagnons. Il s'ensuivait d'incessantes querelles, dégénérant quelquefois en bagarres qui détournaient les énergies et faisaient perdre beaucoup de temps. Natumak venait chaque jour voir Youka et s'attardait à l'observer, à lui palper les flancs, à pronostiquer le nombre de petits... Un soir, en la voyant couchée sur le côté, les pattes raides, la gueule ouverte comme si elle peinait pour respirer, il dit à son ami :

— Je pense que demain matin tu auras quelques pensionnaires de plus sous ton porche.

— Oui, c'est aussi mon avis, mais Youka a l'air mal en point. Pourvu qu'elle ait assez de ressort...

— C'est une bête solide et courageuse, dit Natumak pour le rassurer.

Amaamak veilla très tard ce soir-là, passant de longs moments auprès de sa chienne qui semblait incapable de la moindre réaction.

Le lendemain matin elle n'avait toujours pas ses petits. L'Eskimo la retrouva dans la même position et, à voir sa truffe sèche et la gamelle d'eau pleine, il comprit qu'il ne lui restait pas même la force de se lever pour boire. Avec ses mains en coupe, il lui fit tant bien que mal couler dans la gueule un peu d'eau que Youka accueillit à coups de langue avide. Il recommença jusqu'à ce que la chienne se soit complètement désaltérée. Son état l'inquiétait beaucoup. Même si son œil s'éclairait un peu maintenant que la soif ne la tourmentait plus, elle ne bougeait pas davantage et paraissait d'une extrême faiblesse. Néanmoins, Amaamak, qui la connaissait bien, se refusait à la croire à bout, pensant plutôt qu'elle s'efforçait, par cette immobilité, de ménager le peu d'énergie préservée. Il sortit pour voir le ciel, bien que de sa fenêtre un simple coup d'œil sur les fumées qui montaient tout droit des maisons ait suffi à l'assurer d'une belle journée. En le voyant, ses chiens attachés à leurs piquets se levèrent, eux aussi persuadés que cette absence de vent laissait bien augurer d'une course sur la banquise. Pourtant Amaamak ne les harnacha pas. Malgré son envie de profiter du temps clément pour parfaire ses réserves de viande, il choisit de rester auprès de Youka.

Natumak arriva peu après, tout équipé, prêt à partir chasser. Il examina la chienne et approuva la décision.

— Ça ne saurait plus tarder maintenant, dit-il en rejoignant ses bêtes qui piétinaient d'impatience.

Mais le soir, lorsqu'il repassa, la situation était la même. Youka attendait toujours, l'air plus abattu que jamais.

Ce n'est qu'au petit matin qu'elle mit au monde sa portée.

Durant la nuit, plusieurs fois Amaanak s'était relevé pour venir la voir et la faire boire, à chaque fois déçu et un peu plus inquiet. Il avait même essayé de l'aider en lui massant le ventre, mais cela n'avait servi à rien, comme si Youka voulait s'arranger seule. Et là, dans l'obscurité du porche, à présent délivrée d'un poids énorme, épuisée et heureuse, elle réchauffait de petites boules de poils qui se pres-

saient contre son flanc. Tout cela s'était passé dans le plus grand silence. Quelle ne fut pas la surprise d'Amaamak, venant à nouveau désaltérer sa chienne, de découvrir dans le faisceau de sa lampe une tête tout à fait différente. Les yeux, depuis des jours tristes et vides, rayonnaient à présent de fierté et de bonheur. L'Eskimo compta cinq chiots : deux femelles et trois mâles. Tout de suite il les prit un par un et les souleva en les tenant par les pattes de derrière : chaque petit cherchait à redresser la tête et à se cambrer de toutes ses forces naissantes.

— Ça va, dit l'Eskimo, satisfait, ils seront tous forts.

Puis, en caressant Youka, il répéta :

— *Piktaoyog, gingmeg, piktaoyog, gingmeg* (bonne chienne, bonne chienne), avant de retourner se coucher, si parfaitement comblé que rien, dans l'instant, n'aurait pu ajouter à son bonheur.

Lorsqu'un peu plus tard Natumak vint aux nouvelles, Amaamak n'était pas encore debout. Il sauta du lit, en entendant son ami parler à Youka et se précipita sous le porche pour lui raconter cette longue nuit. La chienne demeurait très affaiblie mais elle se remettait bien. Son maître lui donna de la viande de phoque, très nourrissante, qu'elle mangea de bon appétit. Les cinq chiots dormaient contre son ventre et ne se réveillaient que pour téter.

— Oui, confirma Natumak après les avoir longtemps observés, je pense aussi qu'ils feront tous de bons chiens pour nos attelages. J'ai hâte de savoir lesquels m'appartiendront.

— Moi aussi, dit Amaamak, mais il vaut mieux attendre que Youka soit sur pied pour en décider.

— Ça ne prendra pas plus de quelques jours.

Bien sûr, ils auraient pu eux-mêmes faire leur choix, et secrètement ils l'avaient déjà fait. Depuis toujours les chiens tenaient une telle place dans leur vie de chasseurs arctiques qu'ils savaient en distinguer les qualités essentielles pratiquement à la naissance. Néanmoins, ce contact intime qu'ils pratiquaient depuis des millénaires avec la nature leur commandait de toujours faire confiance, justement, à la nature qui, elle, ne se trompe jamais. Ainsi, lorsqu'il s'agit de désigner les meilleurs sujets d'une portée, on laisse la chienne agir seule. Qui, mieux que Youka, pouvait savoir lequel de ces cinq chiots était le plus fort ?

Même s'ils en avaient une idée, Amaamak et Natumak devaient s'en remettre à la chienne pour s'épargner des erreurs. D'autant qu'ils espéraient des merveilles de cette progéniture issue de leurs deux meilleures bêtes.

Trois jours après sa difficile mise bas, Youka avait recouvré toute sa vitalité. Elle ingurgitait des quantités incroyables de viande rouge et passait son temps avec ses petits qui augmentaient déjà de poids et de volume. Les deux amis se penchaient souvent sur la litière et restaient là, accroupis, silencieux, imaginant ces petits êtres goulus en train de réaliser des exploits sur la banquise. Ce n'est qu'au bout d'une semaine, lorsque les chiots commencèrent à ouvrir les yeux, que les deux amis décidèrent de faire enfin la répartition tant attendue.

— Alors, qui choisit le premier ? demanda Natumak, tout excité.

— Voilà bien le problème, répondit Amaamak en réfléchissant. Il faut trouver un moyen de nous départager... Tiens, j'ai une idée, on va laisser faire le vent : si demain matin il souffle de la mer, c'est toi qui auras priorité puisque tu chasses mieux le phoque. S'il vient de la terre, ce sera moi, puisque je suis plus habile à traquer le caribou...

— C'est un bon moyen, reconnut Natumak, le vent est libre, il souffle toujours d'où il veut.

Ce soir-là, plus que d'habitude, ils cherchèrent à percer les intentions du vent, tout en sachant très bien que dans leur immense pays il se livre aux pires fantaisies, et qu'en une seule nuit il peut changer d'idée plusieurs fois. Le lendemain matin, un blizzard se levait, qui arrivait tout droit de la terre. Les Eskimos redoutent le blizzard, et celui-ci fut le premier qui mit Amaamak en joie. Beau joueur, Natumak ajouta même que c'était bon signe que le sort des chiots dépende d'un vent si puissant. Il fut de bonne heure chez Amaamak qui déjà l'attendait sous le porche. Aussitôt se précisa l'opération. Pour ce faire, Amaamak prit les cinq chiots et les installa sur une autre peau de caribou placée dans le coin opposé, sous l'œil inquiet de Youka que Natumak maintenait sur la litière en la rassurant. Puis il la lâcha, et les deux hommes s'écartèrent, muets et attentifs. Youka alla très vite à ses petits, sans hésiter en écarta tranquillement deux avec le nez pour refermer en douceur la gueule sur un troisième et le ramener sur la litière. Les Eskimos se regardèrent sans broncher. Puis la chienne revint en chercher un deuxième, choisi lui aussi avec certitude, et un autre, un autre encore, ainsi jusqu'au dernier. Ensuite elle se recoucha en rassemblant ses cinq chiots contre elle pour les réchauffer.

— Voilà, dit Amaamak en rompant le silence, on sait maintenant lequel fera l'envie de tout le village.

— Oui, c'est le plus clair, on ne pourra pas se tromper.

En effet, ce chiot de couleur beige presque uniforme se distinguait des autres beaucoup plus tachés, mais là n'était pas la raison qui avait poussé Youka à le saisir en premier. Obéissant aux lois immuables de la nature qui privilégie toujours les mieux armés pour la vie, la chienne avait instinctivement repris ses petits selon leurs qualités qu'elle seule pouvait déjà connaître. C'est donc Youka, après que le vent eut établi l'ordre du choix, qui répartit sa portée entre les deux hommes. A Natumak revenait le deuxième chiot qui, à son grand bonheur, était aussi un mâle, et le quatrième, une femelle. Amaamak se retrouvait avec deux mâles et une femelle. Maintenant que le sort était jeté, les Eskimos examinaient mieux leurs chiens respectifs et déjà, avec ce sens aigu de l'observation qui les caractérise, ils avaient remarqué les petits signes distinctifs qui éviteraient les confusions.

— Tu as plus besoin que moi de nouveaux chiens dans ton attelage, dit Amaamak en regroupant les chiots contre le ventre de Youka, je prendrai juste les deux premiers de ceux qui me reviennent et je te laisserai le troisième, c'est un mâle.

— Je t'en remercie bien, ils me seront fort utiles mais, dis-moi, demanda Natumak, toujours préoccupé par le préféré de Youka, comment l'appellerastu ce futur chien de tête extraordinaire ? Il lui faut un nom digne de lui.

Amaamak ne prit même pas le temps de réfléchir.

— Il y a longtemps, j'ai perdu un fils encore enfant en qui je mettais beaucoup d'espoir, il s'appelait Noulouk. Je donnerai son nom à ce chien pour que l'âme de mon fils voyage à nouveau à travers la toundra.

— C'est une sage décision, approuva gravement Natumak.

Mais il faudrait attendre avant que Noulouk découvre le gigantesque pays des Eskimos. Un pays qui s'agrandit encore en hiver, lorsque la banquise s'installe dans les baies et loin au large des côtes. Un pays où la plupart du temps le froid maintient la vie cachée, obligeant le chasseur à parcourir de longues distances pour se procurer le phoque ou le caribou qui permettront à sa famille et à ses chiens de manger. Un pays dont les rares habitants disséminés en fonction du gibier vivent depuis toujours au rythme lent des saisons, en harmonie avec une nature austère à laquelle ils ont impérativement dû s'adapter pour survivre. Un pays qui a façonné des hommes rudes et fiers qui n'ont jamais accepté ce sobriquet d'Eskimos (mangeurs de viande crue), que leur avaient donné les Indiens Algonquins, jaloux sans doute de leur nom véritable d'Inuits[1] qui signifie : les hommes parmi les hommes. Ainsi s'appellent-ils depuis qu'ils habitent l'Arctique où, jusqu'au siècle dernier, à force de ne rencontrer personne ils pensaient être, avec les Indiens plus au sud, les seuls habitants de la planète. Ainsi les appellerons-nous désormais.

1. Inuits s'écrit généralement sans s et devient Inuk au singulier (prononcer Inouk) ; pour des raisons pratiques, nous dirons un Inuit, des Inuits.

Amaamak et Natumak étaient restés deux authentiques Inuits. Malgré l'envahissement progressif de la civilisation blanche, ils avaient conservé leur façon de vivre traditionnelle et ne faisaient de concession au modernisme que lorsqu'il leur apportait un réel progrès. Pour l'habitation par exemple. A Igloolik, comme dans chaque village du Grand Nord, des constructions en bois avaient maintenant remplacé les igloos, et Amaamak et Natumak s'étaient un jour, eux aussi, résolus à abandonner leur maison de neige légendaire. Certes, ils appréciaient dans les nouvelles demeures ce confort que l'igloo pouvait difficilement leur offrir, mais ils regrettaient tout autant de se voir en retour condamnés à habiter en permanence au même endroit. Le grand avantage de l'igloo était de pouvoir être construit n'importe où et, de ce fait, les Inuits, qui ont toujours beaucoup aimé voyager, se sentaient chez eux dès qu'ils trouvaient assez de neige pour bâtir un abri. Ils ont sans doute plus chaud à présent, mais à force de se voir constamment ancrés face au même paysage, beaucoup pensent avoir perdu la plus grande et la plus belle partie de leur pays.

La chasse est devenue plus difficile aussi. L'ancienne vie nomade menait toujours les gens, par petits groupes, dans les endroits où se tenait le gibier. Très vite le caribou a su éviter la proximité des villages, où les chasseurs étaient en trop grand nombre ; ils doivent aller maintenant de plus en plus loin à la rencontre des hardes. Mais, d'une certaine façon, ceux qui ont connu la vie d'avant, comme Amaamak et Natumak, n'en sont pas vraiment fâchés. Cela leur permet de retrouver les longs voyages en traîneau et les igloos, qu'ils doivent temporairement bâtir faute de pouvoir regagner leur

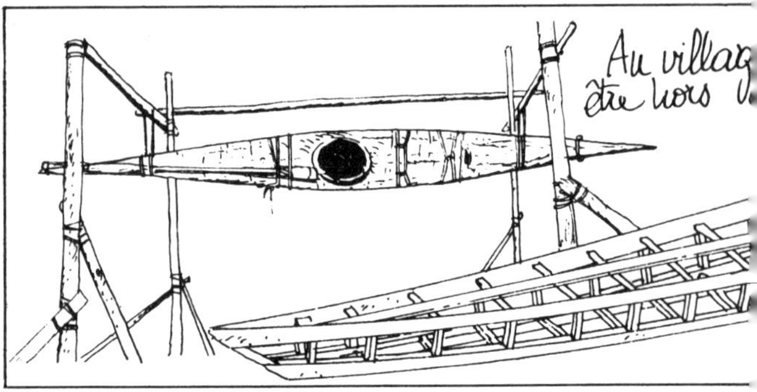

maison le soir même. Parfois ils restent des semaines absents, car la nécessité de nourrir, en plus de leur famille, les nombreux chiens de leurs attelages, les oblige à ne rentrer qu'une fois faite la provision de viande. Cela demande bien de la ruse et du courage, mais Amaamak et Natumak n'en manquaient pas, eux que tous ici, à Igloolik, considéraient comme les meilleurs chasseurs du village.

Ils s'étaient connus de bien curieuse façon. Par un matin de printemps, voici pas mal d'années, Amaamak était parti chasser le narval assez loin du petit groupe d'igloos qui, dans ce temps-là, abritaient les quatre ou cinq familles avec lesquelles il avait affronté l'hiver. Le narval est un cétacé de taille bien inférieure à celle d'une baleine, mais possédant en revanche, en prolongement de la tête, une longue défense en ivoire qui inspira la vieille légende de la licorne.

C'est ordinairement en été, lorsque les glaces se décident enfin à disparaître, que les narvals entreprennent leur migration pour venir mettre bas dans le haut Arctique, mais, cette année-là, en parcourant la banquise Amaamak avait entendu beaucoup plus tôt le sifflement caractéristique de leur respiration. La chasse au phoque ne se présentait pas très bien, aussi voulut-il saisir l'occasion de capturer un gibier

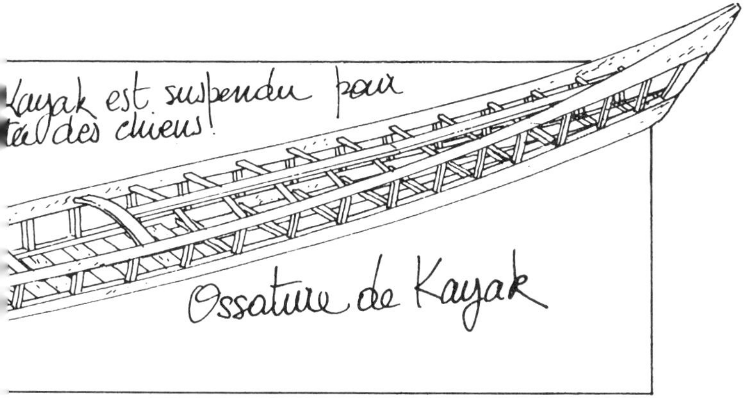

qui, d'un coup, fournirait assez de nourriture pour toute la communauté jusqu'à l'été. Sans parler de l'huile pour les lampes, de la peau pour recouvrir l'armature des bateaux et de la défense d'ivoire pour les sculptures. Avec un kayak en plus de ses affaires habituelles, il s'avança le plus possible sur les glaces avant d'arrêter son traîneau aux longs patins qu'il bloqua à l'avant pour parer à quelque manœuvre inopportune des chiens en son absence. Puis il se dirigea vers l'eau libre avec seulement sa petite embarcation, sa pagaie, deux harpons et une longue ligne en cuir attachée à un flotteur fait d'une peau de phoque non coupée et gonflée d'air. Sitôt dans l'eau, à coups de pagaie discrets il prit position là où, pensait-il, devraient passer des narvals. Et il attendit. Le soleil brillait fort, mais la saison lui donnait tout juste assez de tiédeur pour éviter l'engourdissement à l'Inuit immobile sur la mer presque lisse. Ce n'est qu'une heure ou deux plus tard qu'apparut enfin une bande de cétacés. Tout d'abord le chasseur ne vit que leurs dos blancs tachés de brun qui s'arquaient lentement au-dessus de l'eau, si lentement que la surface s'en ridait à peine. Ils venaient droit sur le kayak. Amaamak ne bougea pas davantage, mais d'un coup d'œil il s'assura une autre fois que son harpon était bien agencé, avec sa pointe amovible reliée à la ligne fixée à l'autre bout au flotteur en peau. A très courte distance les bêtes obliquèrent un peu pour défiler juste en avant du kayak, exactement comme le chasseur l'avait prévu. Elles passèrent aisément à portée de harpon ; pourtant Amaamak resta immobile. Il attendit que la dernière vaguelette eût heurté son frêle esquif pour prendre son aviron et, silencieusement, suivre les cétacés. Il se plaça dans leur sillage puis accéléra jusqu'à se rapprocher à moins de dix mètres. Aucun des narvals ne s'était aperçu de sa présence. Alors il garda sa pagaie à la main gauche, tandis que de la droite il saisissait son harpon, l'équilibrait avec soin, puis levait le bras, prêt à le lancer dès qu'une bête émergerait. Quelques secondes plus tard il projetait l'arme de toutes ses forces mais, juste à cet instant, le groupe entier effectua un mouvement désordonné si rapide et si brutal qu'Amaamak n'eut que le temps de plonger sa pagaie dans l'eau pour ne pas chavirer. En même temps que son harpon qui flottait lamentablement à la surface, il remarqua un narval attardé fuyant sur sa droite, celui qui, l'ayant sans doute repéré, avait donné l'alerte à ses compagnons en avant.

— *Ayornarman*, laissa tomber le chasseur avec résignation, c'est ainsi, on n'y peut rien.

Il récupéra son arme, enroula le fil et regagna la bordure de glace pour se dégourdir les jambes avant d'aller prendre un nouvel affût plus loin. Là aussi, de longues heures s'écoulèrent, mais aucun narval ne se montra. Alors, comme le soleil déclinant laissait le froid reprendre sa pleine vigueur, Amaamak décida de rentrer et regagna la banquise. Sitôt sur la glace il se mit en route vers ses chiens, le kayak sur l'épaule et les harpons à la main. La chasse l'avait encore éloigné de l'attelage, et tout autre qu'un Inuit n'aurait jamais retrouvé son chemin sur cette banquise partout la même, quelle qu'en soit la physionomie. L'accoutumance à si peu de contrastes s'accompagne heureusement içi d'une mémoire visuelle très vive. Ainsi, sans tâtonner le moins du monde, Amaamak se dirigeait-il vers ses chiens laissés le matin. Toutefois, en franchissant une barrière de gros blocs formée par une tempête récente, il fut surpris de ne pas les apercevoir. Se serait-il égaré ?

Son regard d'aigle balaya le champ de glace en avant sans découvrir ni chiens ni traîneau. Et pas davantage sur les côtés. L'appréhension l'étreignit. Brutale et angoissante.

— Non, c'est impossible, murmura-t-il ; j'ai dû prendre une mauvaise direction.

Pourtant, cette partie lisse inégalement recouverte et si parfaitement géométrique qu'on aurait dit une gigantesque lucarne pour regarder la mer en dessous, il l'avait remarquée ce matin. Et ces quatre blocs encastrés là-bas, qui faisaient comme le toit d'une maison... Et la succession de cassures mal ressoudées... Non, il était bien sur la bonne voie et cette certitude l'inquiétait davantage encore. Il pressa le pas. Tout en marchant, il regardait autour de lui pour tenter d'apercevoir ses chiens. Mais rien. Que de la neige et de la glace. Avant même qu'il soit rendu, la tragique réalité l'assommait : l'attelage avait disparu.

Sur place il trouva trace des efforts démesurés de ses bêtes pour parvenir à dégager le traîneau. Seule une grande excitation leur avait donné semblable énergie, et seul un ours blanc pouvait en être cause. Un ours à la recherche de phoques, qui ne les aurait pas sentis assez tôt mais qu'eux, par contre, auraient tout de suite identifié. Avec pour conséquence l'incontrôlable déchaînement que cela déclenche toujours en pareil cas. Amaamak n'avait plus qu'à suivre leur piste. Il abandonna son kayak, ne garda qu'un harpon et, le plus vite qu'il pût, reprit la marche. La chute du jour le surprit sans qu'il ait rien vu d'autre que le double trait des patins du traîneau sans cesse interrompu par les obstacles avec, de part et d'autre, les nombreuses empreintes des pattes des chiens entourant celles, impressionnantes, d'un ours. Lorsque l'obscurité ne lui permit plus d'avancer sans danger, à défaut de pouvoir construire un igloo, il aménagea un abri dans un creux formé sous quelques gros blocs unis par le gel. A la manière des ours qui recherchent ces endroits pour se reposer, il se ramassa sur lui-même, la tête enfoncée dans le capuchon, les mains sous les aisselles. Mais, malgré ses chauds habits en peau de caribou, il ne put résister au froid et régulièrement il lui fallut se lever pour sauter sur place et lancer à toute volée ses bras derrière son dos afin de redonner un peu de vie à son corps.

Le lendemain il se remit en route dès qu'il vit où poser ses pas. La trace de ses chiens constituait son seul salut. Ainsi démuni, loin de chez lui, dans une région peu fréquentée par les chasseurs, il lui fallait rejoindre l'attelage, peut-être retenu par le traîneau dans un passage infranchissable, ou bien trop largement distancé par l'ours pour s'obstiner encore. Connaissant bien ses bêtes, il savait que cela pouvait demander des jours et il craignait que la faim et le froid ne lui laissent pas toutes ses forces assez longtemps.

Mais le hasard voulut qu'à bonne distance de là un Inuit, fort éloigné lui aussi des igloos de sa communauté, parcoure la banquise à la recherche de gibier. Il fut tout étonné d'entendre brusquement crier des chiens que ni ses bêtes ni lui-même n'avaient encore repérés. Instinctivement son attelage changea de route pour se diriger vers les aboiements, et lui ne fit rien pour les retenir, curieux et heureux d'aller saluer l'inconnu qui chassait là. Aussi, quelle ne fut pas sa surprise de découvrir une meute sans maître, immobilisée par un traîneau qui, manifestement, ne se trouvait pas dans une si bizarre position par la volonté de son conducteur. L'homme comprit tout de suite le drame qui se jouait et, sans perdre un instant, lança ses chiens pour remonter la piste du traîneau fou. Il n'atteignit Amaamak que des heures plus tard, alors que celui-ci, inlassablement, foulait les empreintes qui n'en finissaient plus.

— Je m'appelle Natumak, dit l'homme. J'ai vu tes chiens là-bas, ils n'iront pas plus loin.

— Je suis Amaamak, j'ai de la chance que tu sois passé par là.

— Tu dois avoir faim, enchaîna Natumak, feignant d'ignorer qu'il arrivait en sauveteur. J'ai du phoque, tiens, sers-toi, je vais faire du thé.

Assis autour de la bouilloire fumante, ils man-

gèrent et parlèrent, chacun racontant l'histoire de sa famille et décrivant la région qu'il habitait. Puis ils reprirent la piste pour récupérer les chiens d'Amaamak.

A la nuit tombante ils regagnèrent la terre ferme afin de bâtir un igloo et, après un autre repas de phoque, à nouveau ils discutèrent longuement. Avant de s'endormir, ils décidèrent de chasser quelque temps ensemble, et c'est ainsi que, cinq jours plus tard, Amaamak rentrait chez lui avec trois phoques et un nouvel ami. D'autres fois encore, il rejoignit Natumak pour traquer le caribou ou poser des filets à poissons, jusqu'au jour où se forma ce village d'Igloolik qui devait regrouper les Inuits de toute la région. Les deux hommes choisirent de se fixer là avec leur famille et, dès cet instant, associèrent leur adresse et leur courage. Il n'y a qu'au sujet de leurs chiens qu'ils entretenaient une rivalité amicale. L'un et l'autre mettaient tellement d'honneur à posséder le plus bel attelage que, même après tant d'années, ils se prenaient encore à rêver de destin fabuleux pour les chiots d'une portée d'exception dominée par ce Noulouk, comme venait de le baptiser Amaamak, à qui le vent avait bien voulu le destiner.

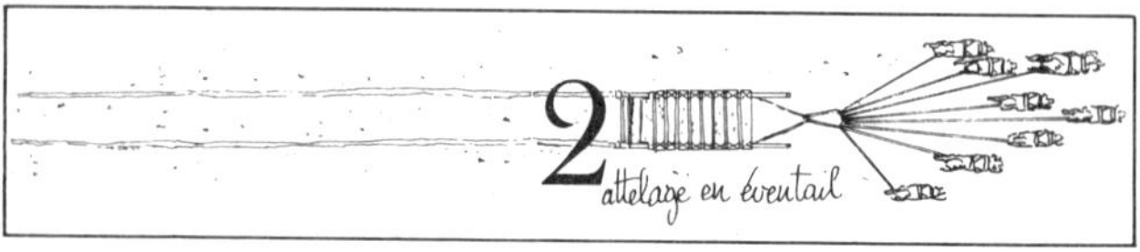

Il s'écoula plus d'un mois avant que Youka ne revienne dans l'attelage. Malgré les problèmes que cela posait, Amaamak préférait qu'elle s'occupe de ses petits. Et, même après qu'elle eut reprit sa place de chienne de tête, il arrivait qu'il la laisse sous le porche lorsque le voyage menaçait de durer plusieurs jours. Ainsi les chiots grandissaient dans les meilleures conditions. Gras et ronds dans leur pelage laineux, ils faisaient la joie des enfants qui venaient jouer avec eux. En fait, ils ne pensaient qu'à jouer. A jouer et à manger. Toujours affamés, depuis leur sevrage ils dévoraient les larges portions de chair crue que leur donnait Amaamak, obligé quelquefois de diminuer la ration de l'attelage, les jours où les réserves manquaient. De gros os de caribou leur permettaient de se faire les dents, et aussi d'apprendre, sous la forme du jeu, les premiers principes de la lutte pour la vie. D'interminables querelles se succédaient pour la possession de ces os, et les jeunes antagonistes s'y dépensaient jusqu'à l'épuisement. Youka n'intervenait jamais, bien qu'elle exerçât une continuelle surveillance afin d'éviter que, dans le feu de l'action, l'un de ses petits ne s'approche trop près des molosses de l'attelage, pas toujours de bonne humeur. Amaamak aussi les observait. A sa grande satisfaction, il constatait que Noulouk parvenait régulièrement à ses fins. Par la ruse ou par la force. Déjà il était plus gros que les autres et aucun ne lui résistait. S'ils se mettaient à deux contre lui, il inventait quelque manœuvre pour leur échapper et reconquérir son bien. Amaamak avait connu beaucoup de chiens dans sa vie et, maintenant qu'il commençait à vieillir, il s'étonnait un peu de ressentir un tel enthousiasme pour celui-là. Comme si les souvenirs de toute une vie d'aventure s'effaçaient d'un coup devant la promesse d'un avenir plus riche encore. L'homme à l'existence rythmée par les saisons, et qui savait ne jamais presser le temps, avait hâte aujourd'hui qu'arrive le prochain hiver pour pouvoir atteler Noulouk. Cette sensation tellement contre nature l'inquiétait un peu, aussi n'osa-t-il pas en parler à Natumak. Et puis, le printemps se profilait, la banquise s'ouvrait par endroits. Bientôt la neige disparaîtrait et, durant le court été, pourrait commencer le dressage des chiots.

On les sépara de leur mère à deux mois. Tout au moins ceux qui revenaient à Natumak. Ils étaient tous devenus très turbulents et Youka peinait beaucoup pour en venir à bout. Elle n'hésitait plus à leur mordre légèrement une oreille ou la peau du cou, mais cela ne les calmait pas longtemps. Parfois, certains échappaient à sa vigilance et partaient en exploration à travers le village, au risque de faire de très mauvaises rencontres. Ainsi Noulouk qui, se hasardant un matin derrière une maison, eut la désagréable surprise d'y être accueilli par un chien sorti furieux d'une vieille caisse renversée, et que sa chaîne retint de justesse. Le chiot en fut quitte pour la peur, mais il apprit deux choses ce jour-là : d'abord que le chien qu'un Inuit n'a pas attelé avec ses compagnons et qu'il a laissé seul à son piquet en ressent toujours de la rancœur, et ensuite que, de toute façon, les chiens d'un autre attelage ne sont jamais des amis. Et puis, pour que la leçon soit complète, avec les tapes reçues sur le derrière, Noulouk comprit également que si Amaamak se montrait généreux, il n'en demeurait pas moins le maître à qui il faudrait obéir. Ne restaient donc plus avec Youka que Noulouk et une de ses sœurs qu'Amaamak appela Natik, parce qu'une tache blanche en forme d'étoile marquait sa fourrure entièrement noire.

(Natik est le nom d'une des toutes premières étoiles à percer la longue nuit polaire.)

Natumak, lui, avait emmené les deux chiens et la chienne qu'il allait maintenant s'efforcer de faire adopter par son attelage. Bien sûr, il ne les mettrait pas immédiatement en contact ; leur mère n'étant pas là pour les défendre, les petits seraient sauvagement rejetés. Chez les chiens de traîneau, l'esprit de meute demeure très vif malgré le manque de liberté, au point qu'il est toujours délicat d'introduire de nouveaux membres dans un groupe constitué depuis longtemps. Même au prix de sa soumission, tout chien étranger n'est pas forcément accepté et sa présence entraîne alors continuellement des problèmes. Jusqu'aux chiots, pourtant d'une infériorité évidente, qui ne suscitent pas toujours la bienveillance de leurs aînés. Natumak devrait tranquillement apaiser les plus hargneux, calmer les jaloux tout en rassurant les petits, qu'une peur trop intense pouvait rendre longtemps incapables de bien travailler dans les harnais. Pour cela il comptait sur l'aide de leur père et chef de meute, Ayok.

Les chiens nordiques ne possèdent pas de sentiments paternels très développés comme chez les loups, mais il se trouve qu'Ayok était à demi loup. Quelquefois, afin de redonner un sang neuf chez leurs chiens, les Inuits attachent à un piquet à l'extérieur du village une chienne en chaleur pour la faire couvrir par des loups. Il en résulte des bêtes endurantes comme le loup, dociles comme le chien, avec un mélange plus ou moins variable de leurs autres qualités respectives. Ce sang de loup, qui coulait pour moitié dans les veines d'Ayok, lui avait surtout apporté l'intelligence et l'instinct pour être chien de tête, en complément de la force et du courage indispensables au chef de meute.

— Viens avec moi, dit ce soir-là Natumak à son ami, on va voir comment Ayok accepte ses petits.

Les deux Inuits tenaient les chiots dans leurs bras et présentèrent en premier la femelle au gros Ayok qui la renifla, la fit rouler sur le dos d'un coup de nez, la sentit encore avant de lui lécher le museau.

— Ça ira pour elle, dit Amaamak.

Posés à terre ensemble, ses deux frères se mirent d'eux-mêmes sur le dos sitôt que leur père s'avança. Ayok promena bruyamment sa truffe sur chacun, les bouscula un peu avant de les gratifier de grands coups de langue en travers de la gueule, quand brusquement il se redressa en entendant grogner en arrière. C'était un chien rabrouant la petite femelle qui, laissée à elle-même et se croyant en confiance, s'en était un peu trop rapprochée. D'un regard dominateur Ayok fit taire ce mauvais qui rabattit ses oreilles et arrondit l'échine, la queue rentrée entre les pattes.

— Parfait, commenta Amaamak, Ayok les protégera, tu ne devrais pas avoir trop de difficultés.

— A condition de ne pas perdre celui-là de vue, dit Natumak en désignant l'animal à l'air sournois, apparemment peu enclin à tolérer ces intrus.

Il fallut une bonne semaine pour que tous les chiens s'habituent à la présence des trois chiots.

Ayok surveillait de très près cette insertion dans sa meute, et ceux à qui elle ne plaisait pas le montraient de moins en moins. Les jeunes, eux, gagnaient chaque jour en volume et en hardiesse. Si, là aussi, ils dormaient encore sous le porche, ils passaient leurs journées à l'extérieur, libres la plupart du temps, ce qui leur laissait tout loisir de satisfaire une insatiable curiosité. Pourtant ils ne s'éloignaient pas trop de la maison, excepté les matins où les chasseurs partaient nombreux et vidaient littéralement le village de ses chiens. Mais là, ils avaient appris par quelques cuisantes expériences à regagner leur porche dès que les attelages revenaient. Même les bêtes les plus pacifiques, fatiguées et affamées par une journée de piste, n'étaient pas toujours d'humeur à supporter leur présence. Comme pour leurs enfants, à qui ils accordent une totale liberté, les Inuits n'entravent que rarement celle de leurs jeunes chiens afin qu'ils apprennent très tôt, et d'eux-mêmes, la réalité quotidienne. Et Noulouk ne s'en privait pas. N'ayant plus que sa sœur Natik pour jouer et découvrir la vie, il devait bien souvent se résoudre à partir seul à l'aventure, la petite femelle ne possédant ni son intrépidité ni sa force. Aussi, lassé des victoires faciles quand ils se disputaient un os ou un chiffon, Noulouk préférait plutôt dépenser son énergie contre des adversaires inertes, certes, mais offrant davantage de résistancc. Ccla n'allait pas toujours sans périls.

Ainsi, un après-midi où la maison était déserte, il s'en prit à une vieille peau de caribou sous le porche. Les crocs plantés dans le cuir, les pattes bien tendues, il tirait de tous ses muscles, donnant des coups de tête, glissant, s'arrêtant, grognant, reprenant de plus belle pour arracher cette peau au tas d'affaires qui la recouvraient. Il y parvint enfin, mais la peau ne vint pas seule. Elle provoqua la chute de bassines, de planches, d'outils, d'objets les plus divers qui renversèrent un bidon de pétrole mal fermé. Pour rentrer chez lui, Amaamak dut enjamber un fouillis d'objets baignant dans le liquide visqueux qui dégageait une insupportable odeur. Noulouk y gagna une correction que son maître, malgré le désagrément, ne voulut pas trop méchante, sachant bien que sous peu la vitalité du chiot aurait trop d'occasions moins plaisantes de se manifester. Ainsi coulaient les jours pour Noulouk, avec leurs joies, leurs surprises, et aussi parfois leur ennui. La nuit tombante l'intriguait toujours. Enfermé sous le porche, il guettait le moment où ses aînés se mettraient à hurler. Cela pouvait venir de n'importe quel côté du village ; un premier chien lançait une longue plainte que reprenaient en chœur ceux de son attelage, puis un autre répondait, parfois loin de là. Et un autre encore. Si bien que, après quelques minutes, tous les chiens mêlaient leur voix dans un saisissant chorus. Assis bien droit, les oreilles dressées, l'œil brillant dans le noir, Noulouk écoutait. Chaque soir il essayait de se joindre au concert, mais sa gorge encore trop étroite n'émettait que de petits cris sans portée, dont seule Natik avait connaissance.

Malgré de violentes tempêtes, le printemps avançait irrésistiblement. Le soleil se montrait de plus en plus souvent pour repousser tranquillement la neige et le froid. La banquise fondait en surface, faisant de larges mares peu profondes mais très désagréables à franchir en traîneau. La piste devenue collante réduisait la longueur des voyages, épuisants pour les chiens. Pourtant Amaamak sortait encore beaucoup, de crainte que sa réserve de phoque ne lui permette pas de nourrir sa famille et ses bêtes jusqu'aux pêches d'été sur les lacs. Un soir il dit à Natumak :

— Demain j'emmène Noulouk faire sa première course.

— Il est trop jeune, il va te gêner, répondit Natumak.

— C'est possible, mais je veux que mes autres chiens s'habituent dès maintenant à le voir parmi

eux, ça sera autant de gagné pour l'hiver prochain !

— Tu as hâte de lui apprendre son métier à ton Noulouk !

— Rassure-toi, je n'irai pas plus vite que d'habitude, mais avec lui j'ai parfois l'impression que tout sera différent, rajouta Amaamak sur un ton qui laissa son ami perplexe.

Le lendemain matin, il harnacha ses chiens comme à l'ordinaire, sous l'œil de Noulouk que ces préparatifs rendaient toujours fébrile, tant ils provoquaient de joie et d'impatience chez ses aînés. Et puis, alors qu'au moment du départ l'Inuit s'arrangeait ordinairement pour que le jeune chien ne puisse les suivre, là, au contraire, il l'encouragea à se joindre à la meute.

— Allez, viens, Noulouk ! Allez ! Allez ! appela-t-il, lorsque l'attelage s'élança en jappant.

Noulouk n'hésita pas. Il bondit derrière le traîneau et, profitant d'un ralentissement dans un passage encombré, se porta en avant, aux côtés de Youka, sa mère et la chienne de tête. Certain de cette réaction, Amaamak avait pour la circonstance rallongé le trait de Youka, afin que Noulouk ne sente pas les autres chiens immédiatement sur ses talons. Dans l'attelage des Inuits, chaque bête a son trait propre qui la relie directement à l'avant du traîneau. La différence de longueur entre les traits positionne ensuite chaque animal, qui possède de cette façon une grande liberté de mouvement, indispensable pour voyager sur la banquise.

Ainsi, pour la première fois, Noulouk sortit d'Igloolik, en trottant au-devant de la meute qui maintenant avait cessé de crier. Les maisons en arrière semblaient appartenir à un autre monde face à ce désert glacé où l'on n'entendait plus que le glissement sourd des patins sur la surface tapée. Après l'excitation du départ l'allure s'était stabilisée, réglée par Youka heureuse de voir son fils à ses côtés. Tout étonné de ce qui lui arrivait, Noulouk se tenait si près d'elle qu'il butait contre ses pattes. Il se retournait souvent, un peu effrayé quand même de retrouver derrière lui dix chiens qu'il n'avait jamais vus qu'attachés près de la maison. Assis sur le traîneau, Amaamak l'observait, et déjà il était très content de lui. En effet, lors de leur première sortie, bien des jeunes craignent tellement la meute qu'ils refusent carrément d'avancer, se laissent distancer et ne consentent à suivre que par peur d'être abandonnés. Sur la piste, Amaamak parlait toujours à ses chiens pour les encourager et, ce matin, c'est surtout à Youka et à Noulouk qu'il s'adressait. Si la chienne comprenait parfaitement les intonations de sa voix, Noulouk, lui, n'en saisissait pas grand-chose encore, mais le but de l'Inuit était surtout d'apprendre aux autres à connaître son nom. Amaamak ne partait pas vraiment chasser. Cette sortie ressemblait plutôt à un test pour le nouveau venu dans l'attelage ; cependant, comme chaque journée comptait dans son incessante quête de nourriture, il décida de faire aussi un tour de reconnaissance. Il y avait, pas très loin sur la côte en remontant vers le nord, une baie bien abritée où la glace résistait plus longtemps qu'ailleurs à la débâcle du printemps. Peu de chasseurs s'y rendaient, bien que les chances d'y voir des phoques soient les mêmes qu'en nombre d'endroits moins accessibles.

Mais, tant que la banquise demeure soudée, la chasse au phoque demande une importante préparation. L'Inuit ne s'attaque évidemment qu'au phoque adulte ; il aime trop ses enfants et respecte trop son environnement pour tuer les bébés phoques comme le font les Blancs plus au sud. Il ne touche au petit

d'aucune espèce, car son honneur d'homme et de chasseur souffrirait grandement d'une confrontation à ce point inégale, où l'animal n'a pas toutes ses chances. Pour chasser le phoque, les Inuits utilisent plusieurs méthodes qui, si elles varient selon l'état de la glace, leur ont toutes été enseignées par *Nanouk*, l'ours blanc. *Nanouk* est un redoutable chasseur de phoques, et jamais personne dans le Grand Nord n'a trouvé de façons plus efficaces que les siennes. Quand la banquise demeure bien compacte, il repère sous la neige les trous par lesquels les phoques viennent respirer et se poste à côté, prêt à assener un formidable coup de patte dès que filtre le moindre souffle. Cela peut demander très longtemps, d'autant que les phoques ont la prudence de creuser plusieurs trous, mais *Nanouk* possède une patience à toute épreuve. Cependant, s'il chasse avec un congénère, il sait comment aller plus vite : les deux ours se dirigent vers un trou soigneusement choisi, en marchant exactement du même pas, comme s'ils ne faisaient qu'un. En arrivant au trou, un des ours s'immobilise, tandis que le second, sans s'arrêter et sans changer de rythme, continue. Entendant ainsi le danger

s'éloigner, le phoque n'hésite plus à venir respirer à ce trou, sans savoir qu'un autre ours l'y attend.

Il y a très longtemps, le père d'Amaamak lui montra deux jeunes ours qui tournaient en rond sur une assez grande circonférence, tandis que leur mère se tenait à l'affût au centre, près d'un trou de phoque. Souvent par la suite, Amaamak employa avec Natumak ce stratagème qui leur valut de nombreuses prises. Quand la banquise se disloque, au printemps, et que les phoques montent se chauffer sur la glace, l'ours rampe de loin pour s'approcher d'eux, en prenant soin de mettre une patte sur son gros nez noir, le seul point susceptible de le trahir sur la neige immaculée. C'est de là que les Inuits ont fabriqué des écrans blancs pour se dissimuler. Mais, à part ces courtes périodes privilégiées, les phoques restent dans l'eau et c'est à leur trou de respiration seulement qu'on peut les surprendre. Si *Nanouk* sait facilement trouver ces trous, il n'en va pas de même pour l'Inuit qui doit s'y prendre bien à l'avance. C'est précisément ce qu'Amaamak voulait faire aujourd'hui : découvrir de bonnes places pour des chasses futures.

A la sortie du village, l'attelage parcourut d'un trot rapide un long passage plat menant à quelques buttes avancées jusqu'à la mer. A cet endroit, deux solutions se présentaient pour passer : contourner par la gauche ou bien franchir le *pack*. Le *pack* est cette barrière de gros blocs de glace bousculés par les tempêtes et amoncelés en un amas chaotique de plusieurs mètres de haut sur de grandes distances. Partout où la banquise cède sous l'effet conjugué de la mer et du vent se forme ce *pack* si détesté des chiens.

— *Auk,* Youka ! *Auk !* lança Amaamak à la chienne qui obliqua à gauche.

La piste prit bientôt de la pente, forçant à ralentir, bien que la neige battue par de nombreux blizzards restât ferme sous les pattes. Noulouk y plantait vaillamment ses petites griffes, soucieux de ne pas se

laisser distancer, mais cet effort trop gros pour lui le laissa haletant et épuisé lorsqu'il arriva en haut. Amaamak ordonna d'arrêter avant d'entamer la descente. Prestement il attrapa Noulouk déjà étendu à plein flanc, le mit avec lui sur le traîneau et cria à Youka de repartir. Peu après revenait la banquise qu'ils longèrent encore un bon moment d'un train soutenu, trop rapide pour un jeune chien. Pendant ce temps Noulouk récupérait, couché entre les jambes d'Amaamak sur une peau de caribou. Les cahots le secouaient comme un poids mort, l'effrayaient même parfois, lorsque le traîneau craquait de toute son ossature, et l'Inuit devait le rassurer pour qu'il ne saute pas. Il le remit avec sa mère un peu avant d'arriver au but, et à nouveau Youka s'arrangea pour qu'il puisse suivre sans trop de mal. Bientôt la baie recherchée apparut derrière une avancée rocheuse, avec sa glace uniforme épargnée par les tempêtes et les courants. L'attelage s'arrêta juste au bord et, sans attendre, Amaamak eut soin de retourner le traîneau, précaution indispensable au cas où les chiens partiraient brusquement à la poursuite d'effluves excitants, ou simplement pour une de ces raisons que les hommes ne comprennent pas toujours. Puis il attacha Noulouk au harnais de sa mère, prit son pic à glace, quelques petits piquets de bois dans un sac et s'en alla avec Tiggak, son chien le plus habile à repérer les trous de phoque. Il le tenait au bout de son trait long de cinq à six mètres, et ensemble ils se dirigèrent vers le centre de la baie. Conscient de sa tâche, Tiggak se mit à marcher tête basse sitôt sur la banquise. Il reniflait bruyamment, avançait d'un pas saccadé en changeant sans cesse de direction. Amaamak le suivait, cherchant lui aussi du regard ces tout petits monticules de givre produits par la condensation de l'haleine du phoque.

Le phoque, *Nassik* dans la langue des Inuits, a besoin de respirer toutes les onze ou douze minutes ; aussi, dès que la glace emprisonne la mer, il creuse avec ses nageoires quelques trous, appelés *aglous*, pour obtenir de l'air. A mesure que la couche s'épaissit, il continue à creuser, si bien qu'au cœur de l'hiver ses *aglous* atteignent plus d'un mètre de profondeur. Ils sont alors de forme conique, assez larges à la base pour se terminer par un minuscule orifice caché par la neige la plupart du temps. Il ne reste à *Nassik* qu'à les entretenir pour que le froid ne les rebouche, et ainsi peut-il s'en servir jusqu'à la débâcle. En surface, seuls l'ours et le chasseur inuit les recherchent. L'ours les sent de loin, mais l'homme doit se fier à l'odorat d'un chien pour déceler dans l'air glacial ces faibles émanations d'air marin filtrant sous la neige.

Tiggak allait et venait nerveusement avec Amaamak à sa suite, obligé par instants de courir pour ne pas le gêner. Soudain le chien s'immobilisa. Les narines frémissantes, il huma l'air autour de lui pour finalement faire quelques pas et se mettre à gratter furieusement. Amaamak l'interrompit aussitôt car il ne fallait surtout pas dégager le trou. La lumière y rentrerait alors, dissuadant à jamais le phoque d'y revenir. En enfonçant doucement son pic à glace, l'Inuit situa exactement l'orifice dont il marqua la position en plantant à côté un petit piquet de bois facile à retrouver plus tard. Tiggak éventa assez vite quatre autres *aglous* à proximité, puis il entraîna son maître ailleurs. Ainsi sillonnèrent-ils une bonne partie de la baie, où de nombreux trous de phoques furent signalés par un morceau de bois. Ce n'est qu'une fois son sac de piquets vide qu'Amaamak décida de rejoindre l'attelage. Le chien continuait à fouiner, mais à présent c'est son maître qui marchait en tête et le tirait par la laisse chaque fois qu'il s'arrêtait. Ils étaient presque à mi-chemin quand, de leur position, là-bas au bord de la baie, les chiens se mirent à crier. Cela surprit Amaamak car, s'il savait que les plus vigilants ne perdaient rien de son approche, il n'était pas habitué à les entendre saluer si bruyamment son retour. Mais, d'un regard circulaire, il comprit : un ours arrivait, en retrait sur sa droite.

Si pareille vision l'exaltait toujours, pour une fois elle l'inquiétat plutôt. Sa carabine était sur le traîneau et son pic à glace ne lui permettait pas de tenir tête à un tel animal. Se trouvant à vau-vent, Tiggak n'avait rien pu signaler, et même s'il grognait furieusement à présent, seul contre *Nanouk*, lui non plus n'avait aucune chance. Amaamak pressa le pas. La bête était encore loin mais, beaucoup plus rapide à la course, elle pouvait aisément le rattraper avant qu'il n'atteigne son arme. Bien sûr, Tiggak voulait

s'élancer à sa rencontre, ne comprenant pas que son maître l'en empêche, à la fois pour lui épargner de cruels désagréments et pour l'avoir avec lui lorsque l'ours les rejoindrait. Mais, là encore, il ne s'illusionnait pas. A l'évidence son salut ne tenait qu'à la crainte qu'aurait *Nanouk* des chiens qui jappaient là-bas comme des enragés, hélas prisonniers du traîneau trop bien retenu. En se hâtant vers eux,

Amaamak surveillait la bête qui se rapprochait d'un air décidé, nullement impressionnée par Tiggak, hors de lui au bout de la laisse. A mesure que se réduisait de part et d'autre la distance, l'Inuit calculait le moment où il pourrait courir avec assez de chances d'arriver à sa carabine sans dommages. Il ne restait qu'une centaine de mètre à présent, et l'ours était sensiblement à la même distance sur le côté.

Alors, en ordonnant à Tiggak de foncer vers ses compagnons, Amaamak s'élança derrière lui, accroché à son trait pour aller plus vite. Dans la seconde *Nanouk* les imita. Il gagna très rapidement du terrain puis, comme il arrivait dangereusement près, il s'arrêta et sembla hésiter. Jeune encore et peu sûr de lui, il fixa un instant l'homme et la meute bruyante. Puis il rebroussa chemin et s'en retourna comme à regret, en jetant des regards en arrière.

Parvenant tout énervé au traîneau, Amaamak chercha fébrilement son arme enroulée dans une peau mais, lorsqu'il fut prêt à faire feu, l'ours était hors d'atteinte. Comme s'il venait brusquement de réaliser le péril, *Nanouk* détalait en direction de la mer. Déjà sa fourrure blanche se perdait sur la neige. Toutefois, pour les chiens son odeur subsistait et, toujours sous l'émotion, Amaamak voulut tenter la poursuite, mais l'état lamentable des lanières le retint : impossible de se lancer ainsi, sans dénouer cet entrelacement compliqué qui paralysait l'attelage. L'ours aurait trop d'avance. Et puis la glace devenait fragile en bordure de l'eau libre... Les chiens oublient toute prudence quand ils pourchassent un ours... De plus, celui-là pouvait les emmener très loin, alors que le soleil se retirait déjà... Pourtant l'envie ne lâchait pas le chasseur, pressé par la meute entière qui criait, sautait, tirait en tous sens pour s'arracher de ce traîneau qui la privait d'un si grand plaisir. Dans le feu de l'action, il en avait oublié Noulouk qu'il retrouva avec surprise, donnant lui aussi de la voix avec l'acharnement de ses aînés. L'Inuit hésitait. Son regard courut sur les glaces, vers cet ours qui s'enfuyait, puis retomba sur le paquet de traits à démêler. La réponse était là. Vraiment là. Alors, se pliant sans réserve à la réalité, il se mit à hurler pour faire taire ses chiens afin de pouvoir travailler calmement. Il dut néanmoins recourir au fouet pour contenir les plus tenaces qui ne se calmèrent qu'au moment de repartir.

Le jour déclinait à présent, aussi le retour s'effectua vivement. Youka emmenait avec autorité ses compagnons à qui la frustration de n'avoir pu forcer *Nanouk* donnait une extraordinaire énergie. Noulouk était sur le traîneau, entre les jambes d'Amaamak, ballotté comme un sac à chaque secousse. Il faisait nuit lorsqu'ils arrivèrent à Igloolik et, en retrouvant sa sœur sous le porche, Noulouk refusa de tirer sur le chiffon qu'elle lui présentait comme si, après avoir connu le baptême de la piste et la fièvre de l'ours, il ne se considérait plus comme un chiot qui ne pense qu'à jouer.

3

A peine le printemps sembla-t-il vouloir prendre possession de la terre et de l'onde que déjà l'été arrivait. Le court été nordique avec ses fleurs, ses lichens, ses mousses, ses paysages nouveaux. La neige ne subsistait plus que dans les vallées aux creux ombreux, mais les versants exposés au vent se paraient déjà de quantités de fleurettes variées et magnifiques. Les rochers mis à jour offraient le spectacle de mystérieux motifs patiemment dessinés par des lichens centenaires. Les mousses velouteuses tapissaient de larges espaces humides. Toute une vie longtemps étouffée par le froid et la neige montrait au soleil neuf qu'elle était toujours là et qu'elle allait faire de cette toundra désolée un tout autre pays, l'espace des quelques semaines où le blizzard s'endormirait. Les oiseaux revenaient de leur grand voyage dans les contrées chaudes : les pluviers dorés, l'élégante sterne, de minuscules passereaux qui s'occupaient activement de faire leurs nids. Ceux qui n'étaient pas partis commençaient à changer de plumage : *Ookpik* le harfang, grand ennemi du lièvre, se rayait de brun ; le lagopède immaculé se mouchetait de gris, de marron, de noir pour mieux se confondre avec son environnement. Dans ces régions haut perchées, seul le corbeau conservait son manteau d'hiver si bien assorti à sa personne. Les renards, les lièvres troquaient leur livrée blanche pour de courts poils roux ou mordorés, moins voyants sur le sol maintenant couleur de terre et de pierre. Même les chiens perdaient leur épaisse bourre qui s'arrachait par larges plaques voltigeant à la moindre bagarre. Et Noulouk s'étonnait de voir ainsi s'envoler des touffes de poils laineux chaque fois qu'il se grattait. Depuis la visite de l'ours sur la banquise, Amaamak l'avait emmené quelques fois encore avec les autres, le laissant courir librement près de sa mère et le prenant sur le traîneau quand il était fatigué. Maintenant que régnait le temps clément il dormait dehors et restait de longues heures attaché avec sa sœur près de Youka. Si, comme tous les habitants du Grand Nord, les chiens savent apprécier l'été, pour eux, en revanche, cette période étonnante impose une inactivité qui nuit beaucoup à leur bonheur. Ces courses qui les mettent si souvent à rude épreuve leur procurent au moins une certaine liberté dont ils ne peuvent que rêver, là, enchaînés jour et nuit au même piquet.

Amaamak et Natumak avaient coutume d'aller pêcher ensemble en été. Ils s'installaient près d'un

lac à l'intérieur des terres, tout le temps que durait la belle saison, et faisaient provision de poissons. Leurs familles les accompagnaient, et aussi les chiens, pour que, tout comme au temps du nomadisme, se perpétue la tradition des voyages d'été que les Inuits aimaient tant. Les grandes tentes en toile rêche retenues à la base par des pierres se dressaient sur la berge et là, pour tous, une autre vie s'organisait, axée sur le poisson. Les hommes pêchaient, les femmes apprêtaient ce qu'ils ramenaient. Tout le monde, y compris les chiens, ne mangeait que du poisson. Il s'agissait d'ombles arctiques, salmonidés d'assez belle taille qui, après des mois passés à se gaver en haute mer, revenaient au lac de leur naissance où ils fraieraient en automne. Jadis, les Inuits construisaient des barrages de pierres sur leur route pour pouvoir les harponner, maintenant ils les prennent au filet. Amaamak et Natumak tendaient les leurs de concert et mettaient la pêche en commun. Seul l'entraînement de leurs chiens les faisait aller séparément, car l'un et l'autre entreprenaient l'éducation des petits de Youka. A six mois l'âge était venu d'apprendre à bien se comporter dans les harnais. Sitôt les canots accostés, les deux hommes abandonnaient les poissons aux femmes qui, à coup précis de leur couteau à lame ronde, leur coupaient la tête, les vidaient puis les fendaient en deux en retirant l'arête avant que les enfants ne les disposent sur des séchoirs. Ces ombles étaient tellement gras que leur chair rouge dégouttait d'huile les jours de grand soleil. Ainsi séchés à l'air libre, ils se conserveraient jusqu'à l'hiver et permettraient d'attendre, avec la viande de caribou, que la glace soit assez épaisse pour la chasse au phoque.

Avant de quitter le campement, Amaamak mettait à Noulouk et Natik des harnais à leur taille et les retenait par deux traits de longueurs différentes. Sous son bras, il emportait un petit traîneau construit pour amuser les enfants. La première partie de l'exercice consistait à expliquer aux jeunes chiens comment marcher en avant et non sur les côtés. Fort de ses quelques sorties au printemps, Noulouk avait compris, mais pas encore la chienne à qui l'Inuit devait donner des tapes en la poussant devant lui. Craintive, elle s'aplatissait parfois au sol et ne se décidait à rejoindre son frère qu'avec quelques paroles réconfortantes. Noulouk, en revanche, tirait toujours trop fort, ce qui n'était pas forcément mieux, et Amaamak, avec une infinie patience, refaisait les mêmes gestes, parlait d'une même voix douce pour contenir l'un et décider l'autre. Il savait, pour avoir dressé des dizaines de chiens, que leur conduite ultérieure dépendait beaucoup de ces premières leçons. Une jeune bête contrainte pouvait devenir un adulte inquiet, peu sûr de lui et sans grande efficacité. Puis venait l'exercice du traîneau qui, en général, posait moins de problèmes. Dès le plus jeune âge, les chiens du Nord aiment tirer, mais encore faut-il leur enseigner très tôt les règles essentielles à la bonne marche d'un attelage. D'eux-mêmes ils découvriront ensuite, au fil des courses, le meilleur moyen d'utiliser leurs forces en ménageant leurs énergies. Amaamak choisissait un endroit plat et attachait les traits au petit traîneau sur lequel il posait une ou deux grosses pierres. Ensuite il partait d'un bon pas. Tout naturellement les deux chiots le suivaient avec la charge, ce qui ne leur demandait pas de gros efforts, mais les habituait plutôt à sentir les traits tendus. Amaamak avançait un moment tout droit puis, subitement, tournait à gauche en lançant :

— *Auk !* Noulouk. *Auk !* Natik. *Auk ! auk !*

Noulouk, attelé le premier, lui emboîtait le pas sans chercher à comprendre mais, peu après, l'Inuit allait à droite en disant :

— *Hek !* Noulouk. *Hek !* Natik. *Hek ! hek !*

Là encore, Noulouk et Natik l'imitaient docilement.

De nombreuses fois ainsi, Amaamak changea de direction en prononçant fermement l'ordre correspondant, et toujours les chiots s'y conformaient sans réticence, même si ce qu'ils prenaient au début pour un jeu ne leur paraissait pas vraiment attractif. Il fallait voir maintenant si Noulouk avait retenu la leçon. Pour cela l'Inuit se plaça derrière le traîneau et donna l'ordre du départ : Hé ! Noulouk. *Hé ! hé !* Noulouk partit bien, en entraînant sa sœur, mais au premier *Hek !* il se retourna, hésita, puis continua tout droit. Pareil pour les *Auk !* Alors, sans lui faire le moindre reproche, sans manifester d'impatience, Amaamak repassa en avant et recommença l'exercice. Les chiots se lassaient toujours avant lui, aussi, dès qu'il voyait que cela ne les amusait plus, il reprenait le chemin du lac, d'ailleurs bien connu maintenant de Noulouk et Natik qui le retrouvaient de plus en plus loin. Au campement, la discussion s'engageait aussitôt avec Natumak sur les progrès de leurs chiens respectifs.

— Les résultats sont toujours plus rapides lorsqu'on entraîne les chiens en hiver, constatait Natumak.

— Peut-être, mais les chiens qui connaissent leur premier été à six mois ont une meilleure croissance et deviennent plus forts.

— C'est vrai, reconnut Natumak, c'est vrai ; l'ennui c'est que tout le travail qu'on fait en ce moment avec eux sera à revoir aux premières neiges...

— Pas sûr pour les miens, releva fièrement

Amaamak ; en tout cas j'aurai moins peur qu'ils se gèlent les poumons en tirant sans savoir, quand les grands froids arriveront.

La polémique n'en finissait jamais et, de toute façon, ni l'un ni l'autre ne le souhaitait. Depuis leur première rencontre sur la banquise, ces interminables discussions au sujet des chiens meublaient les soirées sous l'igloo comme les veillées d'été au bord des lacs. Plus que partout ailleurs, dans le Grand Nord le chien est l'inséparable compagnon de l'homme qui ne lui doit rien de moins que de pouvoir voyager librement dans son pays de neige et de glace. Les histoires à son sujet ne manquent pas. Certaines débordent parfois le cadre d'un village ou d'une région et, même si tous les connaissent, on les raconte encore pour s'en réjouir davantage.

— Je me rappelle, commença ce soir-là Natumak, le chien de tête de cet explorateur venu du sud il y a bien longtemps pour voir comment nous vivions dans nos communautés...

Là, sous la tente, il n'y avait guère que les plus jeunes enfants qui ignoraient l'histoire de ce chien. Tous les autres, Amaamak, sa femme Mitiyouk, Nunayouk, Apakak, Kudlalak... la savaient par

cœur, pourtant leur visage montrait toujours l'attention de la première fois. La coutume le veut ainsi chez les Inuits, par politesse pour le conteur qu'il ne faut jamais interrompre.

— ... Oui, je me rappelle ce chien, un fameux chien à ce que disait son maître, un grand Blanc avec des cheveux roux. « Mon Sultan, répétait-il, est le meilleur chien de tête de tout le Nord. Il a un tel sens de l'orientation que je n'ai même pas à lui donner d'ordres, il me conduit tout seul d'un campement à l'autre, malgré la neige et le vent qui effacent la piste. Il se retrouve toujours. De plus, il connaît si bien la banquise que jamais il ne s'engage sur un mauvais passage. Avec lui je n'ai pas de soucis à me faire, je peux parcourir le pays en toute sécurité. Tenez, vous verrez quand je quitterai votre village, je n'aurai rien à lui dire, il prendra aussitôt la bonne direction. »

Tous écoutaient en silence dans la tente à peine éclairée par les lueurs rougeâtres du soleil qui rasait l'horizon. Après un temps, Natumak poursuivit :

— L'homme décida de partir après le passage du petit avion qui apportait de temps en temps le courrier et quelques fournitures. Comme chaque fois,

tout le village s'était rendu sur la banquise pour connaître les nouvelles d'ailleurs et les gens remontaient vers leurs maisons maintenant que l'avion avait disparu. C'est le moment que choisit l'explorateur pour nous faire ses adieux. Tous les hommes, femmes et enfants de la communauté l'entouraient. Il serrait la main à chacun tandis que ses chiens que nous avions bien nourris piétinaient d'impatience. Enfin, l'homme aux cheveux roux prit son fouet, vérifia d'un coup d'œil son chargement et s'installa sur son traîneau en nous lançant, avec un grand geste du bras : « Allez, au revoir, les amis, regardez bien comment mon meneur va trouver son chemin. » Et le voilà qui crie : « Go ! Sultan, go ! go ! »

En effet, nous avions tous hâte de voir travailler ce fameux chien. L'assemblée s'est écartée pour laisser passer l'attelage, comme toujours très excité de partir, et Sultan a réellement choisi lui-même le chemin, puisque son maître ne lui donnait pas d'ordre. Il a foncé vers la mer, entraînant la meute et le traîneau qui dévalaient la pente à toute vitesse. Puis il a tourné à droite si brusquement que le traîneau a bien failli chavirer en éjectant l'explorateur. Et aussitôt à gauche, et encore à droite, à gauche à nouveau... Les autres chiens ahuris par ces changements imprévisibles sautaient par-dessus les traits pour se protéger des patins qui à chaque instant risquaient de les heurter. Et Sultan, comme un fou, qui n'arrivait pas à se décider ! L'explorateur se cramponnait comme il pouvait. On le voyait qui se rattrapait de justesse, tout en criant je ne sais trop quoi à son chien totalement indifférent. Après bien des émotions ils déboulèrent sur la banquise et Sultan trouva enfin une piste à sa convenance : celle des patins de l'avion qui venait de s'envoler. Il la prit ventre à terre, complètement à l'opposé d'où l'explorateur voulait aller. L'homme lui hurlait d'arrêter, il essayait de faire claquer le fouet devant lui mais n'atteignait que des chiens de l'arrière qui aussitôt

couraient plus vite, si bien que le vieux Kingalik a cru qu'il s'entraînait pour les grandes fêtes du printemps...

Natumak laissa se calmer les rires avant de poursuivre :

— Cela ne dura pas car, tout à coup, à l'endroit où l'avion avait décollé, plus de piste. Sultan s'arrêta net. Les autres chiens ne s'y attendaient pas et tentèrent d'éviter le traîneau qui leur arrivait dans le dos, mais rien à faire. En un instant ce fut la plus belle mêlée qu'on ait jamais vue dans tout le pays.

Suspendue aux paroles de Natumak, la petite assemblée explosa alors d'un énorme rire où les grosses voix des hommes faisaient chorus avec les cris pointus des enfants. L'écho en résonna lon-

guement sur la surface tranquille du lac, avant que Natumak ne retrouve sa voix pour ajouter :

— L'attelage n'était qu'un tas de bêtes en furie qui se seraient entretuées si on n'était pas venu les séparer. Il a fallu à l'explorateur toute la fin de la journée pour débrouiller les traits et remettre son traîneau en état. Il dut même rester une semaine de plus à attendre que trois de ses chiens cessent de boiter. Il a passé tout ce temps à nous répéter que d'habitude son Sultan travaillait mieux mais, quand il est reparti, il ne nous a pas appelés pour venir voir comment le chien prenait tout seul la bon...ne di...rec...tion... Ha ! ha ! ha !

A peine les rires s'apaisaient-ils qu'un autre conteur prenait la relève, soit Apakak, soit Kudlakak qui racontait comment ses chiens lui avaient sauvé la vie deux fois le même jour sur une mauvaise banquise. Car leurs histoires n'étaient pas toutes hilarantes, il y en avait de dramatiques, à l'image de leur existence même, dont les chiens faisaient tellement partie qu'inévitablement ils partagaient ensemble les situations les plus critiques comme les plus cocasses.

— C'est comme le jour où j'étais parti chasser l'ours, enchaîna Amaamak ; j'en suivais un sur la banquise et j'avais libéré quelques chiens pour le rattraper car mon traîneau n'avançait pas assez vite. Quand enfin j'ai pu rejoindre *Nanouk*, il se trouvait acculé contre une falaise et lançait de terribles coups de pattes vers les chiens qui le harcelaient. Je craignais qu'il ne les blesse ou les tue, aussi, sans attendre qu'il se fatigue, j'ai saisi la première occasion pour lui porter un coup mortel.

Tout le monde écoutait en silence. Chacun s'imaginait sur les glaces avec Amaamak, et les enfants rêvaient du jour où, eux aussi, ils pourraient se mesurer à *Nanouk*, le maître incontesté de la banquise.

— Comme il faisait très froid, continua Amaamak, je me suis mis aussitôt au dépouillage. Les chiens formaient un cercle autour de moi, fascinés par les chairs fumantes qui apparaissaient à mesure que je retirais l'épais manteau de l'ours. Je devais constamment les repousser car je ne pouvais pas abandonner mon travail pour les ramener au traîneau, la fourrure aurait pu geler entre-temps. Quand enfin elle se détacha, les chiens se firent encore plus pressants : ils savaient que j'allais maintenant découper la viande. Voilà deux jours que nous étions partis et, faute de gibier, ils n'avaient pas mangé. Je pensais leur partager un quartier, en rapporter un autre au village et laisser le reste dans une cache pour le reprendre plus tard.

Personne ne disait mot, mais un imperceptible sourire se dessina sur les lèvres de Natumak et Kudlalak, car eux savaient la joie que procure la découverte de ces caches à viande lorsque la quête

s'éternise sans que se présente le moindre gibier pour apaiser la faim du chasseur et de ses chiens.

— Mais, poursuivit Amaamak, quand mon couteau ouvrit la carcasse et que les entrailles encore chaudes se répandirent sur la neige, les chiens n'y tinrent plus et bondirent tous d'un même élan. Comme j'essayais d'attraper le foie, deux me l'arrachèrent des mains.

Amaamak marqua un temps. Aucune autre voix n'accapara ce silence, que le saut d'un poisson marquant l'eau de grands ronds concentriques qui vinrent se briser contre la grève. Chacun dissimulait sa hâte d'entendre la suite, car nul n'ignorait le terrible pouvoir du foie d'ours blanc, capable de tuer l'homme qui le mangerait.

— Oui, reprit Amaamak, à deux ils l'ont entièrement dévoré. Ils n'en sont pas morts, ils n'ont même pas été malades, mais quelques jours plus tard leur poil s'est mis à tomber par plaques et, en moins de temps qu'il n'en faut au renard pour devenir blanc en hiver, ils se sont retrouvés à moitié pelés.

A ce moment, grands et petits s'esclaffèrent, comme on se moque gentiment de la mésaventure d'un ami.

— Heureusement, précisa Amaamak, heureusement que les gros froids s'en étaient allés, mais je crois qu'ils auraient préféré se geler dans un coin plutôt que d'avoir à se montrer, tellement ils paraissaient honteux quand quelqu'un riait d'eux sur leur passage.

Ainsi s'écoulaient les soirées de juillet, face au lac embrasé des subtiles nuances jaunes, orange et pourpres d'un soleil qui ne se couchait jamais complètement, accroché des heures au ras de l'horizon. Avec assez de force pour que la nuit n'existe plus. Seulement une pénombre, les jours de mauvais temps. Cette lumière permanente donne aux Inuits un prodigieux sentiment de liberté. Plus que jamais, sur le Dos de la Terre, en été on dort quand on a sommeil, on mange quand on a faim, ou s'active quand on se sent en forme, sans se soucier de l'heure, elle-même indifférente au jour ou à la nuit. Tout le pays vit ainsi : les bêtes sauvages qui trouvent facilement à se nourrir, les fleurs et les plantes qui profitent de ces quelques semaines pour emmagasiner l'énergie nécessaire à la croissance d'une année, les Inuits qui savourent les largesses de la saison. Et aussi les chiens, malgré l'inaction à laquelle les contraint l'absence de neige. Hélas, durant cette courte période, la vie des hommes et des bêtes est très souvent empoisonnée par un animal plus féroce qu'un carcajou en colère : le moustique. De gros moustiques vivant en si grand nombre que leur échapper relève de l'exploit. Lorsqu'ils arrivent par nuages, toujours avides de sang, le caribou fuit au sommet des collines venteuses, le chien creuse le sol pour s'y tapir, l'Inuit fait brûler sous sa tente des plantes fumigènes. Même le chasseur le plus endurci, malgré sa peau tannée par les blizzards, recule devant l'assaut de ces *kiktoreat*[1] que le long hiver polaire ne fait qu'engourdir.

Le temps passait vite dans le campement d'Amaamak. La réserve de poissons grossissait. L'apprentissage de Noulouk avançait. Le jeune chien prenait grand plaisir à ces exercices, non seulement parce qu'ils lui permettaient de dépenser sa vitalité, mais aussi parce qu'au retour ils donnaient droit à la moitié d'un omble. Amaamak enseignait maintenant la technique des ordres en se servant du

1. *Kiktoreat*, singulier *kiktoreaq*, appelé maringouin au Québec.

fouet. En plus du petit traîneau il emportait l'*iperautak*, le long fouet inuit fait d'une fine bande découpée en spirale dans une seule peau de phoque encore verte et étirée ensuite. Un manche très court et lourd permet de manier cette lanière avec une grande précision et ainsi d'atteindre, tout à l'avant de l'attelage, un chien qui ne donne pas sa pleine mesure. A part sur la tête, la fourrure des chiens est trop épaisse pour que le fouet leur fasse vraiment mal, mais lorsqu'il les touche, ils savent que leur maître a quelque chose à leur reprocher et ils s'efforcent alors de bien tirer pour éviter la correction. Là, Amaamak n'utilisait pas le fouet pour les mêmes raisons, son but étant simplement d'apprendre à Noulouk et à Natik à en connaître et interpréter les claquements. Tous les chiens de traîneau, même les plus aguerris, craignent le bruit sec du grand *iperautak*.

Afin que Noulouk ne réagisse pas par habitude, Amaamak changeait souvent d'endroit pour la leçon quotidienne. A présent, lorsqu'il disait : *Auk,* Noulouk ! *Auk ! auk !* il faisait claquer son fouet tout près de l'oreille droite du chiot qui aussitôt allait à gauche. C'était le contraire avec *Hek* ! pour le faire tourner à droite. Pour l'arrêter net, il plaçait le claquement juste en avant. Ainsi la peur du fouet contribuait à associer définitivement dans l'esprit de

Noulouk l'ordre et le mouvement correspondant. La leçon s'adressait principalement au futur chien de tête, seul à bénéficier d'un réel dressage. Les autres apprennent au contact de la meute, et tous connaissent en général assez bien les principales indications. Cela est important dans le mode d'attelage en éventail des Inuits, où chaque animal est indépendant. En revanche, c'est inutile chez les Indiens, plus au sud, à qui la luxuriance des forêts impose d'atteler les chiens l'un derrière l'autre. Mais il n'y a pas d'arbres au pays des Inuits.

— Noulouk a bien travaillé aujourd'hui, dit un soir Amaamak à son ami, il réagit de mieux en mieux au commandement.

— Les miens aussi font des progrès et, rajouta Naṭumak pour ne pas être en reste, je pense que mon Agouk sera le digne successeur de son père Ayok.

— C'est le deuxième que Youka a ramené sur la litière au moment du partage, il ne peut pas être mauvais !

— On en voit même, de ces seconds choix, qui deviennent supérieurs une fois adultes ! lança fièrement Natumak.

Et à nouveau la controverse reprenait. Considérant déjà qu'ils possédaient, l'un avec Youka, l'autre avec Ayok, l'élite des meneurs d'attelage, voilà qu'à présent ils préjugeaient de la suprématie de leurs rejetons après tout juste deux semaines d'entraînement. Quelquefois, pour confronter de façon différente leur savoir, ils s'amusaient à manier le fouet. Tout conducteur d'attelage doit posséder une grande adresse à l'*iperautak*, sinon il vaut mieux qu'il ne s'en serve pas. De son traîneau cahotant il faut qu'il puisse toucher sur le dos ou les flancs l'animal à réprimander. Et surtout pas un autre qui, lui, se comporte bien : le fautif continuerait à paresser

tandis que le chien atteint, ne comprenant pas ce qu'il a fait de mal, perdrait confiance en lui-même. L'autorité du conducteur s'en trouverait considérablement affaiblie.

Si la question des chiens les laissait toujours ex æquo, Amaamak et Natumak connaissaient par contre un moyen original de se départager au fouet. Ils choisissaient les plus petits poissons de la pêche, les posaient un par un en travers de deux pierres assez hautes et, d'aussi loin que possible, essayaient de les couper en deux. Certains jours, Natumak réussissait le mieux, d'autres, c'était Amaamak. Une fois, la mèche du fouet de Natumak s'enroula autour du poisson et se bloqua si bien dans l'arête que l'omble fut projeté en arrière. Il atterrit à côté de Noulouk laissé en liberté, qui se précipita vers cette aubaine, en oubliant les autres chiens tout près. Un gros bourru disposant d'assez de longueur de chaîne fut encore plus rapide et gratifia Noulouk d'un coup de dents à l'épaule avant de s'emparer du poisson. Le chiot s'enfuit en hurlant de surprise et de douleur, puis alla se coucher pour lécher ses chairs meurtries. Il venait brutalement de découvrir la loi du Nord qui ne laisse de chances qu'aux plus forts et, en gémissant à l'écart, il imaginait le jour où lui

aussi serait assez robuste pour ne plus se faire voler de poissons. Le lendemain il avait encore mal. En le voyant boitiller, Amaamak l'examina, fit jouer l'articulation, palpa les muscles sans crainte de lui arracher des cris car, venu le moment de s'entraîner, il le harnacha comme à l'ordinaire. Et Noulouk saisit une autre réalité : dans ce pays sans pitié il faut savoir taire sa douleur et se comporter comme si elle n'existait pas.

Les exercices de ce jour-là ne lui parurent pas aussi attrayants, pourtant il s'efforça de faire de son mieux, de toujours garder son trait tendu, de ne pas attendre le claquement du fouet pour tourner à droite ou à gauche, de s'arrêter sitôt l'ordre donné, de repartir en sentant son épaule de plus en plus lourde... Au retour, sur le chemin du campement, il eut le sentiment de n'avoir pas trop mal fait, et le morceau d'omble supplémentaire que lui donna Amaamak le paya de tous ses efforts. Dès qu'il eut mangé il prit la position arrondie du sommeil, refusant pour la première fois de jouer avec les enfants. Il se surprit même à grogner afin qu'ils le laissent tranquille. Un grognement autoritaire qu'il n'avait encore jamais entendu dans sa gorge et dont l'effet immédiat le remplit d'une sensation nouvelle. Ce soir il commençait à se sentir fort. Certes, pas assez pour disputer un poisson au gros bourru, mais suffisamment pour tirer le petit traîneau avec une épaule endolorie, pour tenir les enfants à distance... Suffisamment aussi pour s'imposer dans les incessantes batailles disputées sous la forme du jeu avec ses frères et sœurs que leur maître Natumak n'attachait que rarement. Noulouk l'emportait presque toujours sur son plus fameux adversaire, son frère Agouk, et cela réjouissait particulièrement Amaamak.

— Chaque jour qui passe lui donne un peu plus d'avance sur ceux de sa portée, disait-il en contenant mal sa fierté.

— C'est vrai, concédait Natumak, mais c'est dans l'attelage, avec les autres, qu'on le jugera. N'oublie pas que quelquefois les bonnes pêches d'été ne nous empêchent pas d'avoir faim en hiver !

Oui, Amaamak le savait, mais il s'interdisait de penser que quelque mauvais sort puisse anéantir tant de belles dispositions.

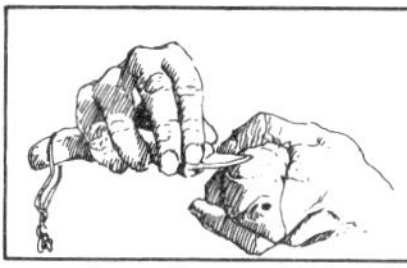

4

L'été atteignait son zénith. La toundra se gorgeait de soleil, embellie d'une infinie variété de couleurs. Dans les baies les mieux protégées ne subsistaient, çà et là, que quelques plaques de glace qui parviendraient peut-être à fondre avant les prochaines gelées. Toute la faune complétait ses réserves de provisions et d'énergie. Le renard se régalait de lemmings, mais il commençait à en enfouir dans des caches creusées sous des rochers. La perdrix chamarrée picorait sans relâche boutons, bulbilles et courtes feuilles au point que son jabot s'en déformait. Paré de ses nouveaux bois, le caribou broutait à cœur de jour l'herbe tendre que la neige lui interdirait bientôt. Il ne s'inquiétait même pas des loups, occupés à élever leurs portées et à chasser de petits gibiers beaucoup plus faciles. *Siksik*, l'écureuil de terre, aménageait son terrier, accumulait de la nourriture, capitonnait d'herbes sèches le recoin où il hibernerait, en retrait d'un monde devenu trop hostile pour lui. Une grande activité animait chaque animal conscient que son hiver dépendait des efforts de cette fin d'été. Ce n'était pas différent pour les hommes. Amaamak et Natumak entassaient les ombles séchés au soleil et en pêchaient d'autres encore. Pour varier un peu le menu, les femmes attrapaient au collet des lièvres dont elles gardaient la peau pour faire des chaussettes et des doublures de moufles. Et puis, c'était le temps des baies sauvages. Femmes et enfants passaient de longues heures à ramasser les petits fruits rouges, jaunes ou noirs qui s'accrochaient en abondance aux plantes basses serrées dans les coulées sablonneuses.

Un jour, Amaamak décida d'aller chercher des pierres pour faire ses sculptures. Comme tous les chasseurs inuits, en hiver il passait beaucoup de temps à sculpter, lorsque les tempêtes interdisaient de sortir. L'approvisionnement en pierre posait quelquefois des problèmes, car on ne trouve pas partout la stéatite, cette roche tendre qui se laisse travailler avec les outils les plus rudimentaires. Amaamak connaissait, à quelques vallées de là, un endroit où son père, déjà, venait chercher la pierre. Et sans doute aussi son grand-père car, avant que les ustensiles métalliques ne parviennent aux Inuits, ils les fabriquaient en stéatite : les récipients pour faire fondre la neige et dégeler la viande, les louches, les pilons... et surtout la précieuse lampe. De forme ovale, elle ressemblait à un plat rempli d'huile de phoque piquée de plusieurs mèches de mousse tressée, au bout desquelles se formaient de petites flammes très difficiles à maintenir en vie. Autrefois, sous l'igloo, c'est à la femme qu'incombait cette tâche. La lampe fournissait un peu de lumière et tout juste assez de chaleur pour cuire très lentement dans l'eau quelques morceaux d'ours ou de caribou. Les anciens façonnaient aussi dans cette pierre de petits objets propitiatoires, des amulettes, afin de s'attirer les bonnes grâces des animaux qu'ils traquaient.

Aujourd'hui, Amaamak n'invoquait plus l'esprit de l'ours, ou celui du phoque lorsqu'il partait sur la banquise, mais il sculptait quand même en leur honneur, réminiscence de la longue dette de son peuple envers ces animaux. Chez les Inuits, les plus grands chasseurs ont toujours été les meilleurs sculpteurs parce qu'ils connaissent à fond les animaux. Sous leurs mains, *Tuktu*[1] le caribou, *Nassik* le phoque, *Nanouk* l'ours blanc, les morses, les oiseaux, les baleines... reprennent des attitudes naturelles patiemment observées, et si quelquefois la sculpture évoque un exploit de l'homme, elle demeure avant tout un hommage à la bête.

Le gisement de stéatite ne se trouvait pas très loin, mais un problème se posait pour transporter les pierres. Autant l'hiver permet de circuler partout dans l'Arctique, autant l'absence de neige limite et complique les déplacements en été. Mais Amaamak n'était jamais pris au dépourvu. Il lui restait deux des trois éléments indispensables aux voyages : les chiens et le traîneau. Avec quatre roues adaptées aux patins, à défaut de pouvoir glisser, le traîneau roulerait tant bien que mal. Dans son campement d'été, Amaamak laissait toujours du matériel qui ne servait que durant ces courtes périodes. Il ressortit deux essieux bricolés jadis, les attacha sous les patins, attela les chiens ravis de cette balade inespérée et s'enfonça dans la toundra, accompagné de Noulouk et de Natik qui se tenaient près de leur mère. Les premiers kilomètres furent un peu difficiles car les bêtes tiraient trop fort sur un traîneau qui n'avançait pas normalement. Sur la neige ou la glace les patins glissent d'un mouvement régulier mais ici, tantôt sur la terre, tantôt sur l'herbe ou la rocaille,

1. Prononcer Touktou.

les petites roues ne rencontraient jamais la même résistance. Sans compter les inégalités du terrain. Alors que sur la piste Amaamak laissait sa chienne de tête décider des passages, là, il marchait le plus souvent en avant de Youka et s'efforçait d'éviter les endroits trop accidentés. Après une succession de courses effrénées et de pénibles escalades, ils parvinrent à la carrière de stéatite : de la roche vert foncé, presque noire par endroits, parcourue par un réseau compliqué de veines claires, relayées en surface par des mousses et des lichens multicolores. A coups de pic et de hache Amaamak détacha quelques blocs de volume et de géométrie fort divers, dont il remplit deux caisses en bois. Il ne sculptait jamais de très grosses pièces, pourtant il ne fragmenta pas les morceaux de poids, préférant le faire au moment de leur utilisation, afin de mieux accorder son inspiration aux formes de la matière. Avant de reprendre le chemin du campement, il monta sur une hauteur d'où le regard embrassait une immense étendue magnifiquement colorée. Il ne se lassait jamais de ce spectacle. Chaque été il s'étonnait que cette terre où ne pousse aucun arbre puisse un instant chasser la neige et mettre à sa place ces lauriers, ces violettes, ces quintefeuilles, ces linaigrettes, ces coquelicots, ces lys, ces camomilles, ces marguerites... qui s'étalent en quantités innombrables pour faire le plus merveilleux des jardins. Les chiens appréciaient d'une autre façon, car les multiples effluves qui leur parvenaient de partout les mettaient dans un réel émoi. Noulouk, lui, s'intéressait plutôt à deux aigles dorés planant à quelque distance et fondant régulièrement sur des lemmings, ces grosses souris qu'ils rapportaient ensuite à leurs petits. Une telle profusion de vie dans un pays que l'on croirait mort neuf mois par an réjouissait l'homme et ses bêtes, et c'est presque à regret qu'ils abandonnèrent leur observatoire.

Le retour au lac demanda plus de temps que l'aller. Bien que modérément chargé, le traîneau ainsi modifié ne se dirigeait pas aisément. Les chiens s'en trouvaient déroutés et ne réagissaient pas comme sur la neige, ce qui nécessitait d'aborder avec précaution certaines manœuvres. Ainsi, dans les descentes, il fallait que, de l'arrière, les bêtes retiennent le traîneau, sous peine de dévaler très dangereusement. Et, même assurés que les patins ne leur enfonceraient pas les côtes, les chiens craignaient encore de se laisser entraîner, avec ce sol caillouteux qui cédait sous leurs pattes. Dans les passages difficiles, Noulouk se tenait prudemment en retrait, se méfiant de ses compagnons inquiets et irrités par ces exercices peu courants. Enfin, après bien des émotions ils arrivèrent au campement, tous fourbus mais indemnes. Amaamak remit à son piquet chaque animal qui, sitôt avalé son poisson de la journée, s'endormit. Comme à chaque retour, les enfants accueillirent Noulouk avec chaleur, impatients de jouer avec lui. Mais le jeune chien fatigué, les pattes meurtries par cette piste infernale, leur fit comprendre en retroussant les babines que lui aussi n'aspirait qu'à se reposer.

Le lendemain, Amaamak et Natumak reprirent la pêche avec leurs filets usés qui se déchiraient de partout, obligeant les femmes à passer de longues heures à les réparer.

— Pourvu qu'ils tiennent quelque temps encore ! disait Amaamak. J'en achèterai de nouveau l'été prochain si je gagne assez d'argent en vendant mes sculptures.

— A propos de sculptures, enchaîna Natumak,

as-tu aperçu des caribous en allant chercher tes pierres ?

— Non, aucun, ils ne sont pas encore arrivés.

— Ils viennent de plus en plus tard depuis quelques années.

— Et de moins en moins nombreux !

Pour les Inuits, le caribou c'est *Tuktu*. Comme eux, depuis toujours *Tuktu* parcourt la toundra. Deux grandes migrations annuelles le mènent du pays où se lève le vent du nord vers les terres moins glacées du Sud. Il y passe l'hiver, puis remonte ensuite vers le haut Arctique au printemps afin d'y mettre bas. *Tuktu* est un marcheur infatigable. Quatre heures après sa naissance, le faon peut déjà suivre la harde, et quelques jours plus tard il saura courir et nager plus vite qu'un homme. En dehors des migrations qui rassemblent des troupeaux de milliers d'animaux, les caribous se tiennent en petits groupes errant sans autre but que de trouver de bons pâturages.

Jadis, les Inuits ne pouvaient vivre sans *Tuktu* qui leur fournissait tout. Non seulement ils se nourrissaient de sa chair, mais faisaient des tentes, des couvertures, des bottes et des habits avec sa peau. Les tendons devenaient du fil, les os des grattoirs, des couteaux et des outils, la graisse remplissait la lampe... Leurs traditions et leurs croyances s'alimentaient d'une incessante quête de *Tuktu*, au point que leur culture tout entière reposait sur cette dépendance de l'homme envers l'animal. Les Inuits de cette époque-là calquaient leurs déplacements sur ceux des caribous. Avant la venue du fusil, ils devaient déployer des ruses inouies pour faire de bonnes chasses avec seulement des arcs et des lances. Les armes actuelles sont infiniment plus efficaces, mais *Tuktu* demeure aussi imprévisible, et les chas-

seurs sédentarisés dans des villages ont bien du mal à repérer ses vagabondages.

— Oui, dit pensivement Amaamak sans vraiment s'adresser à son ami, je me demande si *Tuktu* se montrera par ici cet automne, ça fait quelques saisons qu'il semble nous bouder.

— C'est pour ça qu'il vaut mieux faire bonne provision de poissons, si l'on doit se passer de caribou en attendant de pouvoir chasser le phoque !

— Quand même ça m'étonnerait qu'on n'en voie pas au moins un petit troupeau...

— Dans le temps aussi ça arrivait, dit Natumak, rassurant ; quelquefois les femelles qui conduisaient les hardes changeaient de route deux ans de suite et on ne savait jamais pourquoi.

— Oui, je m'en souviens. Dans ces cas-là mon père utilisait une magie pour connaître leur destination. C'est un chasseur indien qui la lui avait enseignée : chez les siens, près du Labrador, ils plongeaient dans un feu de bois une omoplate de caribou, et les fissures que dessinait la flamme sur la surface de l'os leur donnaient de précieuses indications sur les lieux de passage. Lorsque *Tuktu* tardait à arriver, mon père essayait de découvrir ainsi son nouveau chemin...

— Et il y parvenait ? demanda Natumak, intrigué.

— Rarement. Notre culture est trop différente de celle des Indiens, elle ne nous permet pas d'interpréter leurs magies. Peut-être aussi la chaleur de nos lampes n'était-elle pas assez vive pour tracer les vrais chemins sur l'os !

— Il n'y a que le vent qui sait où va *Tuktu*, conclut Natumak.

Chaque jour, l'un et l'autre, en entraînant leurs chiots, ne manquaient jamais d'escalader quelques buttes pour guetter les caribous mais, aussi loin que portait leur regard, la toundra ne révélait pas de masse brune surmontée d'une ramure.

Tranquillement Noulouk apprenait son métier. Il fallait plus longtemps à présent avant qu'il ne se lasse de reprendre les mêmes mouvements dès qu'il entendait *Auk ! Hek ! Hé ! hé !* ou *Uit ! uit !* Il se trompait rarement et, comme cela lui valait les encouragements de son maître plus un morceau de poisson en récompense, il considérait maintenant comme un jeu ce qui lui avait souvent paru rébarbatif. Ses journées ne se passaient plus que dans l'attente du moment où Amaamak l'attellerait avec sa sœur au petit traîneau. Comme ils devenaient plus vigoureux tous les deux, l'Inuit avait augmenté la charge afin d'habituer aussi leurs muscles. Mais cela ne changeait rien à leur plaisir. Amaamak voyait se confirmer un peu plus chaque jour les espoirs qu'il plaçait dans le successeur de Youka.

— Noulouk sera déjà bien préparé quand viendra l'hiver, dit-il un soir à Natumak.

— Le dressage est une chose, faire sa place dans la meute a tout autant d'importance...

— Je le sais, je le sais, mais pour cela aussi je suis confiant, la force lui viendra vite, regarde comme il dépasse ses frères et sœurs !

En effet, en hauteur comme en poids, Noulouk les surclassait tous mais, pour Natumak, la comparaison ne prenait vraiment de sens qu'avec Agouk, son futur champion à lui. Les deux hommes mettaient une égale conscience à entraîner leurs protégés, sans ignorer l'un et l'autre que la carrière d'un meneur dépendait beaucoup plus d'éléments imprécis, propres à chaque attelage, perceptibles aux chiens seulement, et qui restent toujours obscurs, même au conducteur le plus chevronné. Chez ce peuple du bout du monde l'expérience de la vie, si grande soit-elle, s'est toujours heurtée à des puissances occultes auxquelles il s'est résigné, par crainte et par habitude. Cela favorisa très tôt son intégration dans cet environnement difficile où il apprit une fois pour toutes à vivre, comme la faune alentour, au rythme des saisons.

Là, près de ce lac riche en poissons, personne n'aurait su dire exactement depuis combien de temps se dressaient les tentes, mais tout le monde savait qu'il allait bientôt falloir lever le camp. Le soleil qui semblait avoir perdu l'envie de se coucher s'éclipsait à nouveau chaque soir pour plonger la toundra dans des nuits de plus en plus longues et de plus en plus froides. Certes, même l'été il ne fait jamais très chaud près du pôle, mais à présent on sentait l'haleine glacée du vent un instant oubliée. Le matin, de grands pans de brume étouffaient le lac, immobiles et denses, transpercés par le vol des huarts au cri terrifiant. Le soleil manquait d'assurance. Sans prévenir il s'effaçait devant des pluies glacées qui pouvaient tout aussi bien se transformer en neige. Cela durait peu, mais, si la terre retrouvait aussitôt ses couleurs, l'air n'en gardait pas moins la certitude que la belle saison s'achevait. Ni les hommes ni les bêtes ne pouvaient s'y tromper. Poussé par un même réflexe, chacun à sa manière se préparait à affronter les temps difficiles.

Les chiens semblaient s'être mis à grossir, alors que tout simplement la bourre perdue au début de l'été reformait maintenant sa couche protectrice. Il en allait de même pour tous les animaux, depuis le bœuf musqué, qui sentait revenir l'épaisse laine serrée sous ses grands poils touchant terre, jusqu'au lemming déjà arrondi par la graisse accumulée depuis le printemps. Non seulement la nature donnait à chacun les moyens de se prémunir du froid, mais elle accordait aussi quelques atouts supplémentaires, au prédateur comme au gibier. Ainsi, beaucoup abandonnaient leur pelage d'été pour une livrée blanche mieux adaptée à la neige, qui leur garantissait, selon qu'ils soient loups, renards ou bien lièvres, la discrétion de l'approche ou la sécurité du camouflage. Les oiseaux n'étaient pas en reste. Ceux qui ne s'apprêtaient pas à quitter les régions boréales pour les lointains pays du Sud voyaient également leur plumage se modifier. La perdrix, qui en été se fond si bien dans la rocaille, s'habillait d'un blanc insolent d'où ressortait à peine une petite tache noire à l'extrémité des trois plus longues plumes de la queue. *Ookpik*, le harfang des neiges, augmentait de volume sous la poussée d'un épais duvet blanc dont seuls émergeaient son bec et ses griffes ; et aussi de grands yeux ronds auxquels n'échappe jamais le plus infime mouvement. Engoncé dans ses plumes, il ne perdait cependant rien de sa maîtrise à rejoindre d'une aile silencieuse une souris imprudente avant de lui tomber dessus comme la foudre. Seul le corbeau demeurait égal à lui-même, éternellement noir et triste. Il survolait la toundra en lançant son cri rauque, à la recherche d'animaux morts qui constituent sa pitance. Même les plantes s'organisaient contre la venue du froid. La bruyère faisait provision d'amidon et deviendrait ainsi une importante source de nourriture pour les caribous et les bœufs musqués. L'angélique produisait déjà les boutons de la prochaine année, qui resteraient en suspens sous la neige avant qu'un nouvel été les réveille. Dans son ingéniosité sans limite, la nature multipliait les prouesses afin que le terrible hiver ne vienne à bout de la vie.

Un matin, Amaamak et Natumak partirent seuls,

Bœuf musqué : (famille des bovidés)
longueur de 2 m à 2,5 m
poids : 225 à 400 kgs.
Paisibles mammifères végétariens ;
Dès qu'ils sont menacés, les mâles forment un cercle, épaule contre épaule, autour des femelles et des petits.
Parfait stratagème contre les loups.

Lemming (rongeur)
poids : de 35 à 100g.
Longueur : de 14,5 à 17cm.
Harfang des neiges :
poids : entre 1,4 et 2,6 kgs.
Longueur : 60 cm environ pour une envergure de 1,5 m à 1,6 m.

sans chiens, rechercher des traces de caribous. Ils avaient pris leurs carabines, sachant que l'imprévisible *Tuktu* pouvait arriver d'un jour à l'autre sans crier gare. Ils marchèrent longtemps dans les vallées, escaladèrent les collines, explorèrent les ravins, mais nulle part ils ne virent d'empreintes récentes. Certes, ils croisèrent les pistes centenaires tellement foulées par d'innombrables hardes que le sol en était à jamais marqué, mais, là comme ailleurs, ne subsistait que le souvenir de ces impressionnantes migrations.

— Quelque chose change dans le pays, dit Amaamak d'un ton amer ; depuis toujours *Tuktu* venait ici à pareille époque, la terre s'en souvient et j'entends encore le cliquetis de ses sabots...

— Et je sens même son odeur tiède, rajouta Natumak. Oui, quelque chose change, *Tuktu* nous abandonne.

— Nous ne pouvons pas l'attendre plus longtemps, trancha Amaamak, soudain réaliste. Si demain il n'est pas là, c'est qu'il passera par les vallées de l'Ouest.

— Tu as raison, patientons encore deux jours, et si *Tuktu* n'arrive pas, quittons le campement et regagnons le village en espérant que quelques troupeaux nous attendront derrière les collines Tukilek.

Ils accordèrent donc deux jours aux caribous et, comme les animaux ne se présentaient toujours pas, la petite bande prépara son départ. Cela d'ailleurs ne prit guère de temps, puisque tout restait pratiquement sur place. Les affaires d'été n'étant d'aucun usage au village, les Inuits entassèrent les tentes, les filets et divers matériels et les recouvrirent de pierres conservées chaque année à cet effet. Ils ne prirent avec leurs traîneaux que les canots, des ustensiles de cuisine, un sac de poissons séchés et un autre, plus petit, de baies sauvages. Le restant de la pêche et de la cueillette fut placé lui aussi sous des pierres, plus grosses et suffisamment bien empilées pour déjouer les maraudeurs de tout bec ou de tout poil. Plus tard, lorsque le gel et la neige rendraient les voyages plus aisés, Amaamak ou Natumak repasserait les chercher. La colonne s'ébranla de bonne heure, les hommes en avant, suivis des chiens qui tiraient les traîneaux équipés de roulettes. Puis venaient les femmes et les enfants, escortés des cinq chiots. Vers le milieu du jour, ils firent une halte pour laisser les chiens se désaltérer à l'eau glacée d'une rivière. Les femmes en profitèrent pour préparer une bouilloire de thé et la marche reprit aussitôt. Les jeunes enfants fatigués furent installés sur les traîneaux, calés contre les sacs. La nuit les accueillit bien avant le village, et c'est une grosse lune ronde, très haut dans le ciel, qui guida leurs derniers pas.

Dès le lendemain, Amaamak s'enquit de savoir si l'on avait vu les caribous. Oui, ils étaient arrivés, quelques chasseurs en avaient déjà rapporté. La migration s'était bien effectuée par la piste qui passait très largement à l'ouest du village. Personne n'aurait su dire pourquoi, et tous respectaient naturellement la décision des bêtes. Afin d'augmenter leurs chances, Amaamak et Natumak se joignirent à deux autres chasseurs, car les caribous ne se présentaient pas en troupeaux comme dans les bonnes années, mais en petits groupes erratiques difficiles à trouver et à approcher. Il fallut une semaine aux quatre hommes pour se constituer une réserve de viande suffisante, qu'ils répartirent presque entièrement dans différentes caches de pierres utilisées par des générations de chasseurs. Comme pour les poissons au lac d'été, ici aussi, dès que la neige le permettrait ils reviendraient avec les traîneaux. Chacun n'avait gardé qu'un caribou qu'il découpa et disposa dans un sac de peau pour le transporter jusqu'au village. Pour moins de fatigue, il utilisait une large courroie qui soutenait le fond du sac et prenait appui sur le haut du front. L'arrière-train de l'animal, laissé entier et placé sur les épaules, faisait comme deux manches avec les pattes avançant de chaque côté de la tête. Ainsi équipés, les hommes marchèrent toute une journée. Ils arrivèrent chez eux fourbus mais fiers de rapporter une viande attendue de tous, après un été à ne manger que du poisson. Aussitôt les femmes mirent à bouillir de quoi rassasier tout le monde. Les os des pattes cassés à la hache délivrèrent leur moelle épaisse et huileuse qui, mangée crue, constitue un véritable régal pour les Inuits. Rien ne se perdit, pas le moindre morceau de chair, pas une goutte de bouillon, si bien que l'os dont hérita Noulouk ne lui servit qu'à s'aiguiser les crocs, tant il restait peu de nerfs ou de cartilage après.

Maintenant que les provisions assuraient quelques semaines de subsistance, les chasseurs et leurs épouses s'affairaient aux préparatifs d'hiver. Avec des lanières de peau, Amaamak refixait les traverses aux patins de son traîneau, il réparait les harnais, consolidait ses outils, ses harpons... Sa femme Mitiyouk confectionnait de nouvelles bottes en phoque, recousait les vêtements de caribou, les moufles, remplaçait autour du capuchon la bordure de fourrure qui retient les vents coupants. Il régnait une telle activité dans le village qu'un observateur non averti aurait pu croire à un prochain départ général de la population.

C'était l'hiver qui arrivait. Le court été semblait déjà très loin. Sous peu l'interminable nuit polaire assombrirait ce pays de neige et de glace. La toundra

redeviendrait le royaume du froid et de la solitude, secouée, assourdie par la ronde infernale des blizzards.

— Notre terre s'est endormie de nouveau, laissa tomber Amaamak dans le silence de la première vraie chute de neige.

Il disait cela sans tristesse, bien au contraire, car en réalité c'est une vie nouvelle qu'il saluait. Ces terribles températures qui le feraient souffrir lui apporteraient en retour l'inestimable liberté de voyager. De parcourir en traîneau son vaste pays dans tous les sens. Sur la terre enneigée comme sur la mer gelée. Surtout sur la mer gelée, lieu de prédilection des gens de son peuple. A l'instar de l'ours blanc qui regagne les côtes en automne, l'Inuit attend impatiemment que la glace prenne, pour pouvoir chasser le phoque, animal indispensable à l'un comme à l'autre.

Amaamak sortit palper cette neige fine comme du grésil et ses chiens tout fringants l'accueillirent d'une façon différente. Pour eux aussi, ce matin la vie prenait un autre tour. Finies les interminables journées au bout de la chaîne, oubliés la monotonie et l'ennui, voici le temps des longues courses. De la fatigue et du danger aussi, mais avant tout de la liberté. Et Noulouk, qui ne connaissait pas encore tout cela, comprenait pourtant, à travers l'excitation de ses compagnons, que quelque chose de merveilleux allait maintenant se produire.

5

La première sortie de l'attelage fut pour aller récupérer quelques-uns des caribous abattus à l'automne. Lorsque les chiens virent leur maître s'avancer les harnais à la main, ils se levèrent tous d'un bond et se mirent à japper d'impatience. Autant qu'eux, Amaamak avait hâte de prendre la piste, mais il ne fallait pas le leur montrer, sous peine de perdre beaucoup de temps à les équiper. En commençant par les plus calmes, il les libérait un par un de leur chaîne et, en les tenant entre ses jambes, leur passait la tête et les pattes à travers les courroies qui s'ajustaient parfaitement aux épaules. L'animal était ensuite attaché à un long trait découpé dans une peau de phoque épilée. A chaque extrémité se trouvait une boucle qui recevait le mousqueton côté harnais, et passait dans un crochet en os côté traîneau. Ainsi n'apparaissait pas de nœud dans ce système de cabillot, vieux comme le traîneau lui-même. Aucun trait n'avait la même longueur, et Amaamak veillait à choisir celui qui convenait à chaque animal afin qu'il s'y retrouve, dans cette forme d'attelage d'apparence anarchique. Car chacun avait sa place, fixée en fonction de ses capacités et d'une hiérarchie très stricte établie par les chiens eux-mêmes, à la force des mâchoires. Leur maître devait la respecter, au risque de voir s'instaurer un perpétuel climat de bagarre. Le plus fort de la meute, celui qui, en raison de son âge, de sa puissance et de sa sagesse s'est imposé sans jamais être vaincu, se charge de maintenir la discipline. Contrairement à l'homme, il connaît les raisons subtiles qui poussent deux chiens à s'admettre ou à se détester. Le conducteur du traîneau veillera, lui, à attacher deux ennemis à des traits les mettant suffisamment loin l'un de l'autre. De même, un chien ayant tendance à paresser devra toujours être placé devant un animal plus fort que lui, avec lequel il ne sympathise pas vraiment. La crainte de représailles le forcera à bien faire. Mieux encore que leur maître, les chiens savent identifier les tricheurs qui font semblant de tirer en conservant toujours leur trait tendu, et si le chef de meute intervient pour arrêter un combat motivé par quelque haine ou jalousie, il laisse aussi parfois corriger un animal ayant trop cherché à profiter des autres. Ainsi se forge la cohésion d'un attelage, indispensable pour établir entre l'homme et les chiens une confiance sans laquelle il deviendrait périlleux d'affronter la toundra.

Amaamak finissait d'atteler ses bêtes. Ne restaient sur la chaîne que les plus nerveuses qu'il soulevait par le collier pour les conduire plus facilement au traîneau. Il devait même les frapper quelquefois tant l'impatience de courir les rendait difficiles à harnacher. Noulouk, lui, ne manifestait pas d'excitation. Plus intrigué que pressé, il appréhendait un peu cette intégration à la meute, lui qui jusque-là n'avait tiré qu'un traîneau d'enfant avec sa sœur. Youka était toujours attelée la dernière, ce qui signifiait l'imminence du départ, mais aujourd'hui les chiens durent encore attendre que Noulouk et Natik viennent compléter l'équipage. Amaamak les plaça sur un côté, où ils se sentiraient mieux à l'aise. Quelques grognements accueillirent leur arrivée, sans toutefois inquiéter Talouk, le puissant chef de meute qui se contentait d'observer d'un air tranquille.

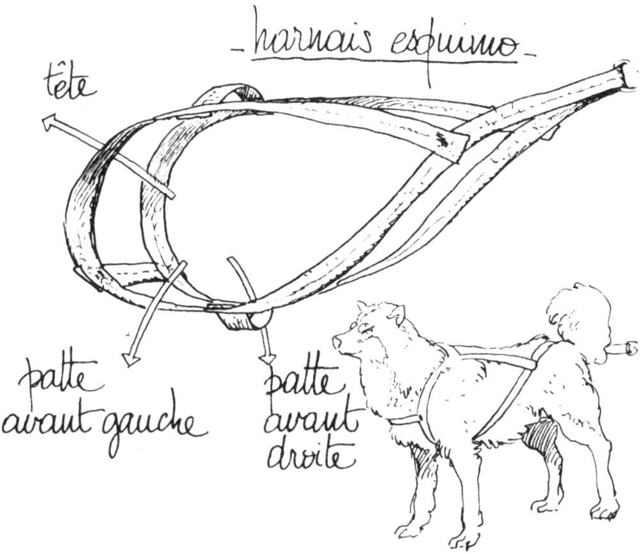

Alors que le trait de Youka la mettait deux ou trois longueurs en avant de l'attelage, celui de Talouk le retenait au centre, assez près du traîneau pour pouvoir surveiller tous ses compagnons devant lui.

Maintenant les bêtes s'exaspéraient, et lorsque enfin leur maître lança le *hé ! hé !* libérateur accompagné d'un coup de pied pour décoller les patins, d'un même élan treize diables bondirent en arrachant le traîneau. Et les voilà qui fonçaient à travers le village, déchaînant au passage les cris de leurs congénères encore attachés en arrière des maisons. Rapide et confiante, Youka montrait la route à cette meute débridée. Derrière elle on se bousculait dans les passages étroits sans se soucier du traîneau qui frôlait dangereusement les gros bidons transformés en poubelles. Dans ce déchaînement, Noulouk et Natik cherchaient à se protéger, ce qui n'alla pas sans émotion lorsqu'un des chiens coincé au centre sauta brusquement vers eux pour se dégager et les fit trébucher. Ils roulèrent dans la neige en hurlant, se rétablirent de justesse avant d'être accrochés par les patins et repartirent tout de travers, empêtrés dans leurs traits.

Ce n'est qu'au sortir du village, face à l'immense désert blanc, quand chacun put évoluer sans contrainte, que se déploya l'éventail caractéristique. Si de nombreux chiens dans le village criaient encore leur regret de ne pouvoir se joindre à la course, les privilégiés d'Amaamak couraient maintenant en silence, la queue fièrement dressée. Le traîneau glissait dans un crissement continu sans cesse modulé par les craquements des attaches ou le choc des patins sur les bosses.

Réplique du traditionnel *kamotiq*, le traîneau d'Amaamak comportait deux longs madriers taillés en patins, fortement relevés à l'avant et reliés par des traverses assemblées sans la moindre pointe ou vis, mais avec de fines lanières de peau. En évitant trop de rigidité, cela permettait, avec les lourdes charges, d'aborder sans risquer de tout casser la surface tourmentée de la banquise. Des lames de fer protégeaient le dessous et nécessitaient pour bien glisser d'être constamment recouvertes d'une pellicule de glace très égale. Une caisse en bois complétait le tout, elle aussi fixée par des courroies à l'arrière, et contenant en permanence un réchaud à pétrole, des ustensiles, les couteaux à neige, la hache, une corde... Sur la plate-forme, d'épaisses peaux de caribou servaient à compenser la raideur, comme à protéger d'un vent trop insupportable.

Après l'affolement du départ, les deux chiots trottaient à présent calmement. Chaque animal avait repris sa place et s'y tenait, si bien que Noulouk avançait à côté d'un chien beaucoup plus âgé qui ne semblait guère lui porter de sympathie. A peine se frottaient-ils que l'autre grognait en montrant les dents. Ne comprenant pas pourquoi, Noulouk s'efforçait de rester à distance, mais toujours survenait quelque circonstance pour le pousser contre lui. Amaamak parlait continuellement à ses chiens. Non seulement il indiquait la direction à Youka, mais il lançait aussi de brefs encouragements à l'un ou à l'autre, et Noulouk entendait souvent son nom accompagné de ces *Uit ! uit !* employés cet été lorsqu'il s'entraînait avec Natik. De la même façon il accélérait et, curieusement, tandis qu'il sentait son trait se tendre, il lui semblait que son voisin grognon lui faisait moins la grimace. En fait, Noulouk ignorait que ce dernier n'était pas très compréhensif. De nombreux hivers en avant du traîneau lui avaient ôté toute indulgence envers les nouveaux arrivés, surtout, comme il l'avait tout de suite remarqué, lorsqu'ils se promènent plutôt qu'ils ne tirent. Mais Noulouk, lui, ne connaissait pas encore grand-chose du métier. Les exercices de cet été n'avaient été qu'un jeu, et il pensait que le jeu continuait. Cette première vraie course avec l'attelage lui plaisait même davantage car il pouvait courir plus vite, sans avoir à s'arrêter ou sans cesse changer de direction au commandement d'Amaamak. Il y voyait moins d'inconvénients. Chaque fois que son maître l'incitait à tirer plus fort il s'exécutait, pour le plaisir d'éprouver ses jeunes forces contre les lanières de cuir qui le retenaient aux épaules. Puis, l'instant d'après, il relâchait l'effort. Le trait flottait et le voisin bourru grognait sa désapprobation, car son trait à lui restait toujours tendu, comme celui de tous les autres, à l'exception de Natik qui se tenait près de son frère et calquait son attitude sur la sienne. Le traîneau filait un bon train. En avant, Youka suivait les ordres d'Amaamak mais, tout en respectant le cap, elle modifiait d'elle-même le parcours face à un passage rocailleux ou à une neige sans consistance. L'hiver trop fraîchement installé

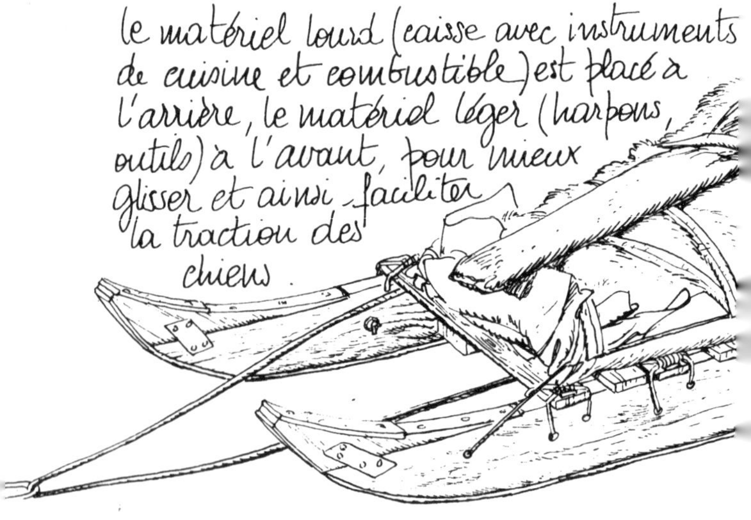

n'avait pas également recouvert le pays et la chienne faisait de son mieux pour y remédier. Ce n'était là qu'une partie de son talent, sans doute la plus évidente parmi des qualités autrement subtiles, comme le sens de l'orientation ou celui du danger. Il en découlait une étroite complicité avec Amaamak. Quant aux autres chiens, ils portaient tous un grand respect à leur guide, sorte de déférence qui ne devait

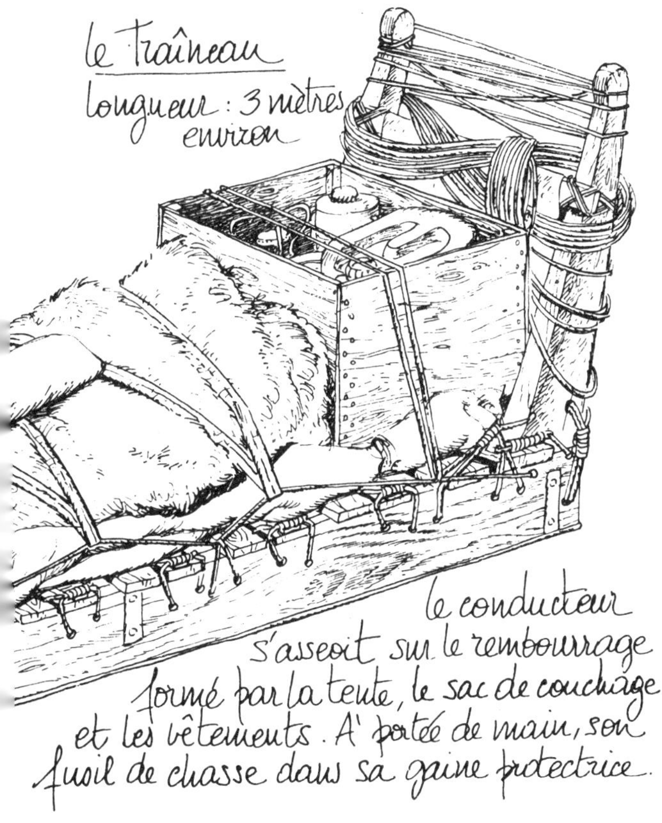

rien aux habituelles notions de force ou de hiérarchie, mais à quelque chose d'indéfinissable qui les impressionnait davantage encore.

Voilà cinq hivers que la chienne menait la meute d'Amaamak et, à force de voyages et de périls affrontés ensemble, une solide amitié les unissait. L'homme appréciait particulièrement l'intelligence de la bête dans les situations extrêmes, que ce soit pour traverser une banquise défoncée, se repérer dans la tempête ou bien obtenir un effort supplémentaire de l'attelage exténué. Son calme aussi l'aidait beaucoup. Jamais Youka ne manifestait de nervosité, pas plus devant un ours aux abois que sur des glaces fragiles ou dans les déchaînements du blizzard. Mais, hélas, Amaamak savait trop bien que cette sérénité exige une concentration permanente qui use toujours un chien de tête plus vite que ses compagnons aux efforts essentiellement physiques, au point que son remplacement paraît quelquefois impossible. Comme chaque année, cette première sortie de l'hiver faisait figure d'événement, pour l'homme autant que pour les bêtes. Après les quelques semaines de répit estival, c'était comme s'ils se retrouvaient. Sur la terre nue, malgré les mousses et les fleurs, le temps chaud et les journées sans nuit, ils ne se sentent pas vraiment eux-mêmes tant que, faute de neige, les longs périples leur sont interdits. A l'image du caribou, de l'ours ou du loup, l'Inuit et ses chiens apprécient plus que tout ce recul infini des bornes de leur champ d'action. Seul l'hiver rend cela possible.

Pour Amaamak cet hiver-là ne s'annonçait pas tout à fait comme les autres. Il y avait Noulouk. Jamais auparavant il n'avait mis tant d'espoirs dans un chien. Sans vraiment de raisons précises, aujourd'hui l'idée qu'un jour l'âge l'empêcherait de conduire un attelage l'assaillait plus que d'ordinaire. Il la rejeta pour ne penser qu'à Noulouk, là, dans son harnais tout neuf, inconscient de la tâche pesant déjà sur ses jeunes épaules.

Depuis la sortie du village, un paysage sillonné de vallées s'offrait à l'ardeur des chiens avec, çà et là, quelques collines dominantes dont les sommets balayés par les vents n'étaient jamais complètement enneigés. C'était le domaine des renards, ces dômes rocailleux où quelquefois les Inuits posent des pièges, car la fourrure du renard blanc sert à garnir les parkas des femmes. Pour ceux des hommes, on utilise le loup et le renard roux, ou mieux, si l'on possède assez de ruse pour l'attraper, le carcajou. Le seul animal dont la fourrure ne gèle pas. Aucune autre ne l'égale pour border les capuchons : ses longs poils serrés ne retiennent pas la buée des respirations et, en restant toujours souples, empêchent ainsi beaucoup mieux les blizzards de mordre le visage du chasseur.

Amaamak ressemblait un peu à un ours avec son parka de peau de caribou qui lui donnait un air pataud. Pourtant, la chaude et souple fourrure n'entravait aucun de ses mouvements. Aux pieds, il portait des bottes en peau de phoque avec, à l'intérieur,

une confortable épaisseur de feutre et des chaussettes en lièvre. Pareil pour ses moufles : phoque à l'extérieur, doublure en lièvre. Il préférait cette tenue traditionnelle à tous les habits en tissu synthétique maintenant disponibles au comptoir du village. Aucun ne l'égalait en chaleur, en commodité ou en solidité. Sans parler du prix. Néanmoins, les jeunes n'hésitaient pas à adopter ces habits venus du Sud, bien qu'il leur arrivât d'avoir froid et de se geler les pieds dans leurs bottes de caoutchouc. Amaamak, qui courait la piste plus souvent qu'eux, savait quel danger représente un mauvais équipement dans un pays où le vent se conjugue si bien au froid pour abaisser la température jusqu'à ses limites extrêmes.

Les chiens trottaient maintenant en bordure d'un plateau et Amaamak profita de l'abri de quelques gros rochers pour lancer l'ordre d'arrêt : *Aayou ! aayou !* Aussitôt l'attelage s'immobilisa. Des bêtes se couchèrent. D'autres engloutirent de larges bouchées de neige pour se désaltérer. Noulouk fit les deux, car il commençait à ressentir la soif et la fatigue. Amaamak voulait faire du thé. Tous les Inuits raffolent du thé. Ils en boivent beaucoup chaque jour, mais celui qu'ils préfèrent est toujours préparé ainsi, sur la piste déserte et glacée. Amaamak sortit de la caisse le réchaud à pétrole et la bouilloire qu'il

remplit de neige. Après plusieurs essais, une flamme jaune s'éleva en soufflant et la neige commença à s'épaissir. Il faudrait en rajouter de nombreuses poignées pour obtenir une pâte lourde et incolore qui, à son tour, fournirait une eau légèrement trouble, à laquelle, en la remuant souvent, on éviterait d'avoir mauvais goût. Avant qu'elle n'entre en ébullition, Amaamak avait le temps de remettre en état les harnais.

Selon les difficultés du parcours, les chiens changent de place en cours de route, formant ainsi entre les traits des nœuds très serrés que le gel rend plus difficiles encore à défaire. Amaamak détacha plusieurs chiens puis, à mains nues, ramollit les lanières soudées par la glace avant de pouvoir les faire suivre, nœud par nœud, jusqu'à ce qu'elles soient libres d'entrave. Ensuite il rattachait chacune à son propriétaire.

Lorsque enfin il put jeter deux sachets de thé dans la bouilloire, arriva alors ce moment merveilleux qu'apprécient tant les voyageurs nordiques. Il laissa infuser quelques minutes, puis il ôta ses moufles, remplit sa tasse métallique et la tint de ses deux mains plaquées autour pour en accaparer la chaleur. L'air glacial escamotait l'odeur du thé, mais il ne pouvait rien contre sa forte saveur qui régalait

Amaamak. En fait c'est bien davantage qu'il savourait, assis sur son traîneau, seul avec ses chiens face à l'immensité de son pays sauvage. Il se délectait d'une liberté qui n'existait que là, dans ces étendues désolées d'où la vie semblait s'être enfuie. Au village, lors des soirées, il chantait souvent des chansons qui racontaient cette impression magique mais, bien qu'il y mît tout son cœur, il constatait toujours après, lorsqu'il vivait ces instants, qu'en réalité ils demeuraient intraduisibles.

Les chiens profitaient diversement de la halte. Certains s'étaient couchés, le nez sur les pattes, l'œil vague, perdus dans quelque rêve de chasse et de festin. D'autres, assis, immobiles comme des statues, les oreilles dressées, guettaient les bruits que le vent apportait parfois de très loin : le glapissement d'un renard, le hurlement d'un loup, le cri aigre d'un corbeau. Quant à Noulouk, il somnolait. Certes, les forces ne lui manquaient pas encore, il n'avait tout simplement pas l'habitude des longues étapes menées si vivement. Il appréciait beaucoup ce repos, sans cependant parvenir à se détendre complètement, car le chien qui tout à l'heure lui avait montré les crocs ne lui faisait pas meilleure figure à présent. Allongé à distance, il observait Noulouk de ses yeux noirs où ne brillait guère de bienveillance. Plus tôt, quand Amaamak l'avait détaché pour dénouer son trait, il s'en était fallu de peu qu'il ne lui saute dessus. Quelques coups sur le nez avaient brisé son élan, mais Noulouk en était à peine plus rassuré.

L'Inuit vida sa bouilloire jusqu'à la dernière goutte puis rangea ses affaires dans la caisse. Sentant le départ proche, les chiens se levèrent spontanément et, aux seuls *Hé ! hé !* de leur maître, se remirent en marche. Sans autre charge que son conducteur, le traîneau ne pesait pas lourd sur cette neige dure, propice à la vitesse. Assis à l'arrière, Amaamak cherchait confirmation de sa route. Dans ces paysages uniformément figés, seul un Inuit parvient à s'orienter. Un Inuit ou un animal. Le premier, grâce à d'infimes détails notés lors d'un précédent voyage et à jamais gravés dans sa mémoire depuis. Le second, au moyen de cela aussi, avec en plus un instinct que l'homme ne s'explique pas très bien mais qu'il sait infaillible. Ainsi, lorsque se présenta une vallée menant à un plateau, Youka prit à droite avant même d'en recevoir l'ordre. Sans doute se souvenait-elle être déjà venue à cette cache, tache sombre là-bas sur cette plate-forme rocailleuse en haut d'une pente. Amaamak arrêta le traîneau à côté, tandis que ses chiens l'observaient. Les grosses pierres bien assemblées avaient parfaitement gardé la viande hors d'atteinte des renards et des corbeaux. Eux surtout s'intéressent aux animaux morts. Le loup chasse toujours son propre gibier, l'ours mange essentiellement du phoque et aucun autre animal n'aurait la force de s'attaquer à une cache à viande. A part le carcajou, le redoutable carcajou. Contre lui les Inuits savent qu'ils ne peuvent rien. Si ce n'est espérer qu'il ne passera pas dans les parages. Malgré sa petite taille, cet animal possède tant de force, d'audace, de ruse et d'intelligence qu'il peut venir à bout du meilleur empilage. Mais le pire, c'est qu'il est terriblement malfaisant. Ainsi, après s'être goinfré, il n'hésitera pas à asperger de son urine fétide tout ce qui reste, afin de le rendre immangeable pour les hommes comme pour les bêtes. Les Indiens l'appellent le diable des bois, et les Inuits qui n'ont pas de bois le prennent eux aussi pour un animal diabolique. Quant aux hommes, aucun n'envisagerait jamais de piller une cache à viande. Depuis qu'ils parcourent le pays, les Inuits laissent en toute confiance leurs excédents de vivres sous des pierres car, pour eux, il n'existe de pire crime que le vol de nourriture. Les terribles famines de leur histoire ont placé au tout premier rang cette vertu essentielle à leur survie. Le principe s'applique aussi aux chiens, avec une telle fermeté qu'aujourd'hui encore, si l'un d'eux se fait prendre à dérober de la viande, il est immédiatement abattu. Seules des circonstances particulièrement dramatiques autorisent un homme à se servir dans la cache d'un autre mais, dans ces cas exceptionnels, l'emprunteur remplacera au plus vite ce qu'il aura mangé.

Comme toutes les caches bien construites, celle qui s'élevait là était libre de neige. A peine le vent avait-il amassé une petite congère à sa base. Amaamak entreprit de retirer une à une les pierres du dessus, et bientôt les quartiers de caribou apparurent, aussi durs que du roc. L'Inuit les chargea sur son traîneau et, quand tous furent bien arrimés, il lança ses chiens sur le chemin du retour. Déjà le ciel habillait de sombre l'étendue brumeuse. Le jour s'épaississait, confondant les horizons, mélangeant les distances, jetant partout cette opacité trompeuse si caractéristique de l'hiver boréal. Cela deviendrait pire encore dans quelques semaines, quand le soleil n'accorderait plus, entre les nuits, que deux ou trois heures de lumière indécise.

Amaamak ne suivait pas exactement sa piste de l'aller. Afin d'éviter les portions mal recouvertes ou exagérément inclinées, il changeait souvent de direction. Il contournait différemment certains passages difficiles, en s'écartant des vallées à la surface encore douteuse. En avant, Youka respectait au mieux ses intentions et les précédait même parfois, car elle aussi connaissait la direction du village, autant que les défauts de cet enneigement de début d'hiver. Noulouk ressentait le poids de la fatigue. Incapable de se maintenir à la hauteur de ses compagnons, il laissait traîner sa lanière foulée par de nombreuses pattes. Natik peinait plus encore, mais Amaamak, prévoyant, les avait tous les deux déplacés sur la gauche de l'attelage afin de les éloigner du grognon, et aussi pour que tous s'habituent à leur présence. Par moments réapparaissaient les traces du matin, ce qui animait toujours quelques nerveux persuadés de rejoindre un autre équipage. Ils essayaient de faire presser, mais Youka, qui connaissait l'origine des empreintes, en peu de distance les ramenait à la vitesse initiale.

Et puis soudain, passé le sommet d'une butte, Amaamak cria l'ordre d'arrêt avant de dévaler la pente. Il n'attendit même pas que la meute s'immobilise pour sauter du traîneau et revenir sur ses pas, le nez rivé à des marques sur la neige : les loups. Il s'accroupit, examina longuement ces traces bien régulières, les suivit un peu pour savoir combien de bêtes avaient posé les pattes dans les mêmes empreintes. Cinq, six peut-être. D'un doigt expert il en jaugea une fois encore la profondeur, la largeur, la dureté, puis il regagna le traîneau et continua son chemin. Amaamak portait grand intérêt aux loups depuis un certain jour où, encore enfant, il avait curieusement fait leur connaissance. C'était un soir d'été, à l'insu de ses parents il s'était beaucoup éloigné du campement, lorsque au creux d'un ravin il se vit brusquement entouré de quatre loups. La peur le paralysa. Les loups l'observèrent un instant sans bouger, leurs yeux jaunes le fixaient intensément. Alors, le plus grand s'approcha et le sentit des pieds à la tête. Un second fit de même, et enfin les deux autres. Ils s'attardèrent quelques secondes à le reni-

Loup:
Mammifère
Longueur (sans la queue)
1,05 à 1,35 m.
Carnivore
Poids 27 à 67 kgs
portée 5 à 7
petits

fler puis l'un d'eux s'enhardit et lui donna un large coup de langue en travers du visage ; enfin ils repartirent aussi discrètement qu'ils étaient arrivés. Sous l'effet de la surprise Amaamak ne réalisa pas très bien, mais cette rencontre le marqua tant que, nombre d'années plus tard, il restait encore très intrigué par les loups. Avec le temps il découvrit leur façon de chasser, d'élever leurs petits, leur étonnante organisation sociale. Et chaque fois qu'il croisait une de leurs pistes il l'étudiait pour apprendre autre chose encore, car il cherchait toujours à percer le mystère de ces regards jaunes qu'il n'avait jamais oubliés.

Amaamak regarda encore ces marques tranquilles qui trahissaient une petite bande à la recherche de gibier. Il savait qu'elles pouvaient s'inscrire ainsi sur de très grandes distances sans entamer vraiment l'endurance des loups. Il savait aussi que pour capturer l'indispensable proie il leur faudrait beaucoup de patience et d'intelligence. Et ses pensées revenaient vers Noulouk dont le père, Ayok, était à demi-loup. Noulouk qui, lui aussi, avait les yeux jaunes. Rien que pour cela Amaamak l'estimait déjà beaucoup.

Mais Noulouk s'en moquait bien pour le moment. Fatigué, il saisissait l'occasion pour récupérer, couché dans la neige, et quand il entendit les *hé ! hé !* du départ il commençait à s'endormir. Bousculé par les autres, il se releva tout ahuri puis reprit le trot. Un mauvais vent s'annonçait, qui chassait la fine neige au ras du sol et la lançait aux yeux des chiens comme des poignées d'aiguilles. Malgré cela Youka maintenait la cadence et la bonne direction. Des tourbillons la masquaient parfois au regard d'Amaamak, assis de côté afin de mieux se protéger, le visage enfoui dans son capuchon. Noulouk luttait pour ne pas se laisser distancer. Il tentait de s'abriter derrière le chien placé devant, mais les rafales l'atteignaient quand même et ébouriffaient ses longs poils beiges. Cette course devenait pour lui de plus en plus pénible. A l'euphorie de ce matin s'était substituée une douleur de tout le corps, qui raidissait chaque muscle. Même les encouragements ne le stimulaient plus. Seul l'exemple de ses compagnons l'empêchait d'abandonner, et il admirait et maudissait à la fois cette détermination qui les faisait aller sans faillir, imperturbables malgré le poids de la charge, les bourrasques aveuglantes et la distance parcourue. C'est que Noulouk ignorait encore la capacité des chiens de traîneau à doser leur effort. Ça, Amaamak ne pouvait pas le lui apprendre, il lui faudrait le découvrir tout seul. Comme les anciens de l'attelage il devrait, au fil des voyages, ne plus céder au plaisir de tirer en dépensant toutes ses forces à l'aller, mais en économiser suffisamment pour le retour où le *kamotiq* est toujours plus lourd. Bien qu'il ne fasse que suivre, Noulouk n'en pouvait plus. Ses pattes fléchissaient, le souffle lui manquait, sa volonté s'échappait. Et voilà que ses compagnons accéléraient. Le jeune chien pensait s'effondrer quand il aperçut, lui aussi, à travers la *poudrerie*[1] quelques points lumineux piqués dans la nuit : le village. A la seconde se réveilla ce qui lui restait d'énergie, un ultime regain qui le porta quelques centaines de mètres avant de le laisser choir, à bout, devant la maison d'Amaamak.

Il dormait déjà lorsque l'Inuit, après avoir désharnaché et conduit chaque chien à son piquet, distribua la nourriture quotidienne. Longtemps après, en dévorant sa ration de caribou, Noulouk saisit deux

1. *Poudrerie,* mot canadien : neige se déplaçant en tourbillons.

évidences : pour la première fois ce morceau de viande n'était plus une récompense mais un dû, et d'autre part c'en était fini des amusements de jeunesse. La dure vie de chien de traîneau venait de commencer.

6

Un blizzard se leva dans la nuit. En peu de temps l'air glacial se mit à vibrer de toute une gamme de bruits allant du sifflement suraigu aux sourdes lamentations. Des nuages de neige sèche, lancés à des vitesses insensées, s'engouffraient dans les espaces dégagés en chuintant, ou bien s'écrasaient avec fracas contre les maisons, pour se reformer aussitôt et repartir ailleurs. Le vent dément déployait sur le pays un gigantesque tapis ondulant de cristaux fins et durs comme du sucre en poudre. Son passage brutal pouvait tout aussi bien dénuder le sol que laisser aux endroits les plus inattendus des congères aux formes bizarres, érodées et fumantes comme des dunes.

Tout ce qui vit dans le Nord appréhende le blizzard. Et les chiens plus encore. Ce vent qui hurle et creuse leur fourrure jusqu'au duvet, cette neige acérée qui s'y incruste, tout cela les effraie. Attachés à l'extérieur, ils ne disposent d'aucun abri sinon, justement, leur fourrure et la neige. Là, derrière la maison d'Amaamak, en s'endormant tout à l'heure, tous savaient qu'une grosse tempête arrivait, et chacun avait fait de son mieux pour s'y préparer. Dos au vent, soigneusement roulés en boule, les pattes repliées sous le corps et la grosse queue touffue sur le nez, ils se laissaient à présent recouvrir. Cette neige mouvante qui les terrifiait devenait pourtant leur alliée en accordant sa protection contre les cruelles rafales. Ensevelis sous de petits monticules, les chiens n'auraient bientôt plus que le froid à combattre et leur épaisse fourrure y suffirait. Avec la chaleur de leur corps se formerait autour des poils une croûte glacée semblable à un igloo miniature ajusté à chaque bête.

Toute la journée du lendemain, le blizzard cria sa rage nourrie d'une extrême violence. De partout ses rugissements secouaient le village assiégé. Les Inuits se terraient dans leurs maisons. Certains cependant se risquaient dehors pour assujettir une planche ou une tôle qui menaçait de s'envoler. Des nuages de neige folle absorbaient dans leurs nébulosités ces hommes courbés, qui chancelaient sous la brutalité des attaques, la face arrachée par le froid, les yeux noyés de larmes qui se gelaient en collant les cils.

Amaamak ne sortit que pour nourrir ses chiens. Il dut escalader une congère barrant sa porte avant d'être accueilli par des coups si impétueux qu'ils lui interdisaient de se tenir debout. C'est à genoux qu'il parcourut la distance entre la maison et les chiens. Et, rendu là, il ne voyait pas davantage les chiens que la maison. L'air n'était que mouvement imprévisible. En grattant avec son couteau, il rencontra une première chaîne. Il tira pour la dégager et alors, au bout, la neige se cassa en morceaux qui camouflaient un animal hébété, mécontent d'avoir été dérangé. C'était Kalik. Amaamak lui donna un morceau de viande qu'il engloutit à une vitesse stupéfiante. Puis, sans perdre une seconde, il s'ébroua vigoureusement et tenta de reprendre la même place dans son trou.

Toujours sur les genoux, l'Inuit atteignit Talouk, Itok, Youka qui, de la même façon, ingurgitèrent au plus vite leur ration, pour se replier aussitôt contre la tempête. Lorsque arriva le tour de Noulouk, le jeune chien grogna car il aurait préféré se passer de manger, plutôt que d'affronter encore, à découvert, ce blizzard qui le terrorisait. C'était la première fois qu'il subissait de tels déchaînements, avec ce bruit d'enfer, cette puissance monstrueuse qui lui laissaient penser que le monde entier s'acharnait contre lui et que son maître même l'avait abandonné. Il avala sa viande et, comme ses compagnons, rechercha sans attendre la protection de la neige. Mais auparavant il voulut quand même crier au ciel son mécontentement : un hurlement naquit dans sa gorge, immédiatement escamoté par le fracas général. A présent, les treize bêtes faisaient à nouveau le dos rond contre les éléments, et Amaamak regagnait, en se traînant comme un blessé, sa maison qu'il ne distinguait que par intermittence. Ses chiens rassasiés résisteraient mieux au froid, mais n'eût-il rien eu à leur donner qu'il serait néanmoins venu les faire lever car, à la longue, cette carapace refermée sur eux devient de la glace si dure qu'il faut la briser à la hache, sous peine de voir l'animal s'asphyxier. Enfin à l'abri, le souffle court, le visage douloureux, l'Inuit referma soigneusement sa porte au vent qui profitait du moindre interstice pour y pousser de la neige. Puis il secoua avec force son parka de caribou car, là aussi, la neige s'était infiltrée jusqu'au creux des poils.

— Alors, lui demanda Mitiyouk, penses-tu qu'il va bientôt se calmer ?

— Qui connaît les intentions du vent ? répondit Amaamak.

Non, en effet, personne n'aurait su prédire la fin

de ce temps d'apocalypse. Un blizzard pouvait passer sa colère en une journée, comme l'étaler sur plusieurs. En général, il lui fallait bien trois jours pour épuiser tant de fureur. Des jours qui ressemblaient davantage à la nuit. Mais, quelle qu'en soit la durée, quand il se déchaîne le blizzard a le pays à sa merci. Homme, chien, loup, renard, ours, corbeau, caribou... tout être vivant, s'il tient à le rester, doit se blottir dans un recoin et n'en plus bouger, malgré la faim ou les conditions précaires. Le chasseur surpris en pleine toundra patientera sous son igloo, et si l'attente est plus confortable au village, il arrive aussi que des maisons subissent de gros dégâts obligeant les habitants à se réfugier ailleurs.

Ce n'est qu'au matin du quatrième jour que le soleil perça enfin. Le silence devenu irréel décida les chiens à émerger. Quelques extensions et le dôme de neige croûteuse éclatait en larges plaques, laissant la fine poudre du dessus s'incruster dans les poils restés secs. Les pattes, gourdes et pesantes d'inaction, soutenaient mal les premiers pas. Comme au sortir d'un cauchemar, les chiens s'attardèrent un instant dans une vague contemplation de ce décor familier totalement différent, encombré de congères aux lignes serpentines. Épaves abandonnées sur des vagues de neige solidifiée, elles seules témoignaient à présent de la force fantasque et colossale du blizzard. Dans ce calme impressionnant, devant cette virginité, les chiens auraient pu se croire les seuls survivants de la tempête. Ils reniflèrent à plein nez cet air nouveau pour y déceler quelques odeurs connues, puis s'occupèrent de se remettre en forme. Après les secouements, il s'agissait de ranimer les muscles. Chaque patte était longuement étirée, le corps et le cou allongés dans une position de statue, la gueule grande ouverte pour faire jouer les mâchoires. Jusqu'à la queue, agitée en tous sens, qui recouvrait elle aussi sa souplesse. A présent, chacun concentrait ses efforts sur l'arrachage des boulettes de neige glacée encore accrochées aux poils. Patiemment elles étaient croquées une par une du bout des dents, en prenant grand soin de ne pas tirer sur la fourrure. Puis ils se mirent à marcher de long en large sur le peu de distance permise par la chaîne. Une si longue et si totale immobilité pesait lourd à ces habitués des grandes courses.

Mais voici que la porte du porche s'ouvrit et, luttant contre la neige accumulée, apparut Amaamak avec une brassée de harnais. Aussitôt le délire s'empara des chiens. Tous sautaient en poussant des cris. Certains, maintenus tout droit par leur attache, agitaient frénétiquement les pattes. D'autres, anticipant déjà le départ, tournaient autour de leur piquet. Chacun y allait de son impatience et Noulouk, lui aussi, manifestait bruyamment son enthousiasme pour dépenser jusqu'à la limite de ses forces son trop-plein d'énergie. Amaamak, qui d'ordinaire attelait d'abord les plus calmes, était bien en peine ce matin pour en trouver un seul qui se laisse tranquillement passer le harnais. Même Youka ne tenait plus en place. C'est donc en fonction de leur rang dans la meute qu'il détacha ses bêtes pour les équiper. Cela ne se passa pas sans rudesse, tant les chiens dans leur excitation compliquaient la besogne. Ou bien les pattes s'engageaient mal dans les courroies, ou bien la tête ressortait de la boucle, ou encore le trait prenait une mauvaise place et revenait sous le ventre, ou tout simplement l'animal s'échappait, obligeant Amaamak à aller le chercher à travers les amas de neige quand, à force d'entendre son maître l'appeler, il avait bien voulu l'attendre.

Sitôt prêts, les chiens reprenaient de plus belle leur

sarabande, au grand mépris des traits qu'ils croisaient déjà en tous sens. Habitué à ces départs mouvementés, Amaamak avait pris soin de charger ses affaires auparavant, et surtout d'amarrer le traîneau pour neutraliser cet énervement. A peine eut-il fermé le dernier mousqueton qu'il lui suffit de défaire la corde pour que la meute soudain libre s'envole à l'assaut de la piste. Impuissant devant tant de fougue, l'Inuit n'avait qu'à se cramponner en attendant de pouvoir reprendre le contrôle de la course, un kilomètre ou deux plus loin.

Noulouk se trouvait au centre de l'attelage, la vraie place des jeunes chiens. Les toutes premières fois son maître l'avait mis sur les côtés afin de lui épargner une peur bien naturelle, mais désormais il devait respecter une disposition ayant depuis longtemps fait ses preuves. Les jeunes apprennent mieux, entourés de leurs aînés, alors que, répartis latéralement, les plus forts assurent davantage d'efficacité, surtout dans les mauvais passages de banquise. Amaamak, ce matin, voulait récupérer les derniers caribous encore enfouis dans une cache. Il l'atteignit en un temps record et, tandis qu'il dégageait les pierres, ses chiens tout à fait calmes à présent le regardaient faire, non sans risquer quelques pas vers cette viande si appréciée. Noulouk observait plutôt ses compagnons, en évitant de croiser le regard du gros bourru qui, tout à l'heure encore, en traversant le village lui avait montré les dents lorsqu'un étranglement les avait mis en contact. Déjà dans l'attelage il pouvait distinguer certaines habitudes, certains détails qui, avant même que s'exerce l'autorité de l'homme, définissaient les règles de la bonne entente. D'instinct il avait immédiatement compris que, jeune et inexpérimenté, il se plaçait en toute queue de la hiérarchie. Il remarqua aussi que les chiens les

moins sympathiques envers lui se situaient également en fin de ce classement défini par la meute, sans qu'Amaamak eût à s'en mêler de quelque façon. Après un petit nombre de courses seulement, Noulouk savait déjà interpréter assez d'attitudes de ses compagnons, comme de gestes de son maître, pour songer à organiser sa propre vie au sein du groupe.

En ce début d'hiver, il ne se passait guère de jours, en dehors des tempêtes, où Amaamak ne faisait de sortie. La plupart du temps, c'était pour traquer les caribous hivernant par petites hardes toujours très difficiles à localiser. Chemin faisant, il posait quelquefois des pièges à renard dont la douce fourrure garnirait les parkas, mais servirait aussi de monnaie d'échange au magasin général de la Hudson's Bay Company. Si la nature fournissait l'essentiel, il fallait quand même acheter des balles, du sucre, du thé, du tabac...

Noulouk revenait très fatigué de ces tournées car, de plus en plus, il s'appliquait à tenir son trait bien tendu. Davantage que la crainte de son maître, c'était la réprobation de deux ou trois chiens, dont le grognon, qui le poussait à se surveiller. Il arrivait qu'il s'endorme sitôt dételé, sans même attendre son

repas. Quelquefois, en revanche, il lui restait encore des ressources que toute une journée de travail n'avait pas épuisées. Ces soirs-là, sa fatigue s'estompait derrière une assurance telle qu'il lui tardait d'être au lendemain.

Dès que la banquise se fut installée, Amaamak ne chassa plus que le phoque. Cela nécessitait de longs périples qui révélèrent très vite à Noulouk un autre élément important de son métier : le danger. Malgré leur épaisseur, les glaces ne résistent pas quand se déchaînent les éléments. Ce plancher en apparence à toute épreuve peut aussi bien se fendre, se disloquer et s'animer en tous sens, pour peu que surgisse une tempête. L'homme qui n'aura pas su la voir venir risque alors d'être englouti, lui et ses chiens, dans ce chaos soudain. A l'époque des grandes froidures, le phoque se chasse essentiellement à l'*aglou*, et Amaamak exploitait jour après jour les nombreuses baies grâce au flair de Tiggak.

Ce matin-là, il arrêta en pleine banquise son traîneau, prudemment immobilisé avant de laisser les chiens et de poursuivre à pied. Il emportait son harpon, son pic à glace, son couteau à neige et une peau de caribou. Parvenu à ses repères, il choisit un trou, invisible en surface, s'assura qu'il n'était pas

bouché et s'installa. Tout d'abord il posa sur la neige la peau de caribou pliée en quatre pour étouffer les craquements de ses pas. Ensuite il plaça sur le minuscule orifice un duvet de perdrix qui, en se soulevant, l'avertirait de l'arrivée du phoque. Il ajusta soigneusement la pointe amovible au bout du harpon qu'il prit dans sa main droite en recherchant le bon équilibre. L'autre main tenait la longue courroie fixée à la pointe et prête à se dérouler sans entrave.

Puis il donna l'attitude voulue à tout son corps, se figea et attendit. Cela pouvait durer des heures, mais Amaamak ne manquait pas de patience. Sur le Dos de la Terre c'est la qualité essentielle que chacun doit posséder s'il veut survivre. Qu'il soit homme ou bête. Là, dans le froid, aucun mouvement ne lui était permis, car le moindre petit bruit répercuté loin sous la glace éveillerait aussitôt la terrible méfiance du phoque. Il se présenterait peut-être à l'un des quatre ou cinq trous qu'il entretenait alentour, car toutes les douze minutes il lui faut respirer, mais le choix de l'endroit n'a rien de prévisible. A chaque seconde le chasseur doit s'attendre à voir bouger le duvet et se tenir en état d'enfoncer son harpon à travers l'orifice. Le phoque en dessous ne sera touché que si la pointe arrive bien droit, sans dévier contre la glace. Cela demande une grande adresse, émoussée quelquefois par l'engourdissement. Une mauvaise position du bras, le geste trop mou, et tout est à refaire.

Amaamak ne quittait pas des yeux la petite plume blanche qu'à force de regarder il distinguait à peine sur la neige. Le temps n'existait plus pour cet homme immobile, un peu penché en avant, le bras levé avec son harpon. La fatigue seule déterminerait la qualité de son attente. Ses cils, ses sourcils, sa moustache, son peu de barbe se couvraient du givre de sa respiration instantanément condensée. Le chasseur n'était plus qu'une statue posée là, sur cette banquise immense, au-dessus d'un orifice insignifiant par lequel filtrait l'air qu'un phoque viendrait peut-être respirer.

Et soudain le duvet se souleva. Vif comme l'éclair, Amaamak enfonça son harpon. De toutes ses forces. Puis il saisit à deux mains la lanière qui filait sous la glace. Touché, l'animal s'enfuyait avec la pointe dans le corps. A présent inutile, la hampe retomba sur la neige et l'Inuit l'éloigna du pied. Tous ces moyens désormais ne servaient plus qu'à contenir le phoque blessé. La courroie de peau cisaillait la glace et, bien qu'Amaamak soit parvenu à l'enrouler autour de ses moufles, elle lui échappait encore sous les coups répétés. Profitant d'un répit, il assura mieux sa prise et réussit même à reculer de quelques mètres en tirant la bête. Mais une vigoureuse plongée le ramena en glissant près du trou ; alors, du talon, il effondra le dessus et posa un pied sur le bord pour un meilleur appui. Le phoque se défendait farouchement. « C'est un gros », pensa l'Inuit qui transpirait sous l'effort. Juste quelques « han ! » étouffés soulignaient cette lutte silencieuse. Une lutte pour la vie. Celle du phoque, celle de l'homme. Lors de ces combats singuliers, Amaamak ne pouvait jamais s'ôter de l'esprit l'image du vieil Ashoonak qui passa à travers la glace, entraîné par un phoque trop fort pour lui, quand par malheur la lanière s'enroula à son pied. Jusque-là le chasseur ne faisait que retenir l'animal et, à force, il le sentait faiblir. Les secousses perdaient en violence pour n'être bientôt plus que des à-coups sans vigueur. Trop gravement atteint, à court de souffle et d'énergie, le phoque laissait sa vie lui échapper. Lorsqu'il ne bougea plus du tout, Amaamak entreprit de le remonter mais, pour le sortir, il fallait agrandir le trou. Tandis que d'une main il tenait la lanière, de l'autre il élargissait les bords avec son couteau à neige. Afin que le bruit n'effraie pas les phoques évoluant dans les parages, il accompagnait chaque coup de sonores kraou !... kraou !... kraou !... pour faire croire à un corbeau tapant du bec sur la glace. Et enfin l'animal apparut, au milieu de l'eau rougie de son sang. Amaamak le hissa sur la banquise et s'attarda un instant à contempler ce gros corps fusiforme, lisse et

luisant, comme il le faisait avec chaque gibier vaincu, en le remerciant d'être mort pour lui permettre de vivre. Puis, jugeant à la couleur du ciel qu'il valait mieux rentrer, il se dirigea vers son traîneau en tirant le phoque derrière lui. Malgré l'air glacé, ses habits de peau retenaient la sueur qui le baignait de partout. D'aussi loin qu'ils aperçurent leur maître les chiens s'animèrent. A eux aussi l'attente semblait longue. Quelques-uns lançaient des cris brefs, alors que d'autres se préparaient déjà au départ en s'étirant les pattes. Youka, assise très digne, ne bronchait pas. Les oreilles dressées, elle fixait la silhouette sombre qui émergeait lentement du champ de glace.

En parvenant au traîneau, Amaamak comprit tout de suite qu'il s'était passé quelque chose. Noulouk, qui d'ordinaire lui manifestait grandement son affection, restait au contraire indifférent, timide, l'air piteux, le dos arrondi et la queue entre les pattes. En s'approchant, l'Inuit remarqua du sang sur sa fourrure. Délaissant les autres chiens tout excités, il s'accroupit et, dès qu'il lui toucha l'épaule droite, l'animal cria de douleur : sous le sang collé dans les poils, il aperçut les traces d'une morsure. Quatre crocs bien plantés avaient entamé les chairs, enflées et violacées par un gros hématome. Amaamak souleva la patte qui s'articulait normalement, mais, bien sûr, sans souplesse avec une blessure aussi mal placée. Puis, tandis que Noulouk continuait à gémir, il le tâta sur tout le corps sans rien découvrir d'autre. Alors l'Inuit se releva et chercha à identifier le coupable. Certes, il avait son idée, mais il lui fallait des preuves. D'un regard il parcourut les douze chiens qui tous, la tête relevée, le regard droit, montraient la même attention à leur maître dont ils ne comprenaient pas l'attitude, impatients qu'ils étaient de repartir. Aucun n'avait de sang sur la gueule et, à les voir si parfaitement innocents, on aurait pu croire que Noulouk s'était fait mordre par un animal de passage. Amaamak soumit pourtant le gros bourru à une inspection plus détaillée, mais cela ne donna rien : pas de marque autour des babines, ni sur le nez, ni sur le poitrail, ni sur les pattes. L'Inuit ne doutait pas qu'il fût le coupable mais, de toute façon, la certitude n'y changerait pas grand-chose car il ne sert à rien de battre un chien après coup. Il ne fait plus la relation entre la mauvaise action commise et une punition tardive. Et puis, l'aurait-il même pris sur le fait qu'il l'aurait seulement séparé de Noulouk, rudement peut-être, mais sans le corriger pour cela. Tout conducteur de traîneau sait bien qu'une certaine violence est nécessaire pour que s'établisse la hiérarchie dans une meute. Noulouk n'était plus un chiot à présent. Chaque jour il prenait des forces et de l'expérience, et dans peu de temps il saurait montrer au grognon qu'il valait mieux que la dernière place.

Le retour lui fut très pénible. Ses compagnons déployaient tant d'ardeur que le seul poids d'un phoque ne pouvait guère les freiner. Pour lui épargner de nouveaux désagréments, Amaamak l'avait éloigné du grognon. Ainsi Noulouk pouvait-il se permettre quelques écarts sans se sentir coupable. Néanmoins, la meilleure volonté n'effaçait pas le handicap, et son trait, de plus en plus relâché, semblait le tirer en arrière. L'Inuit multipliait les encouragements, ponctués de vibrants *Aïe,* Noulouk ! *Aïe,* Noulouk ! dont l'effet s'émoussait à mesure. La langue pendante, le souffle saccadé, le jeune chien happait la neige au passage et parfois, en entendant son nom, il se retournait pour jeter à son maître un regard désespéré.

Au bout d'une interminable vallée, Amaamak arrêta le traîneau. A nouveau il se pencha sur la blessure de Noulouk qui ne présentait pas d'aggravation, sinon que les chairs meutries viraient carrément à l'aubergine. Un vent mordant soufflait depuis le départ, et l'Inuit, qui frissonnait encore de la moiteur glacée de son dos, décida de se réchauffer avec quelques tasses de thé. Avant même qu'il ait sorti réchaud et bouilloire, Noulouk s'était allongé et, les yeux mi-clos, cherchait un soulagement à sa douleur. La remise en route l'éprouva plus encore. Son épaule ankylosée le faisait beaucoup boiter et chaque pas lui arrachait des gémissements. Puis, comme l'articulation se réchauffait, la démarche devint un peu plus normale et Noulouk reprit le trot tant bien que mal. Amaamak laissait Youka régler le train. Consciente des difficultés de son fils, la chienne essayait de contenir la meute qui, sentant le village proche et la perspective du repas, voulait mettre à profit les bonnes conditions d'enneigement. Malgré des efforts insensés, Noulouk n'arrivait plus à s'accrocher. Il perdait peu à peu du terrain et se tenait maintenant au niveau du traîneau, si bien qu'Amaamak avait relevé son trait de peur qu'il ne passe sous les patins. Lorsque les lumières d'Igloolik, brusquement apparues au sortir d'une combe, stimulèrent davantage encore ses compagnons, Noulouk se retrouva tout d'un coup en arrière, tiré par la lanière qui l'emmenait de travers. Ses muscles refusaient ce nouvel effort. Il s'écroula dès que le traîneau s'arrêta, tellement épuisé que rien n'aurait pu le décider à continuer. Son maître dut l'aider à regagner son piquet où, sitôt débarrassé du harnais, il chercha la meilleure position pour son épaule et s'endormit.

Un peu plus tard, Amaamak déchargeait sa prise lorsque arriva Natumak

— Dis donc, s'inquiéta ce dernier, je t'ai vu traverser le village tout à l'heure, mais ton futur meneur ne semblait pas à la bonne place !

— En effet, il n'était pas à la bonne place, répondit Amaamak, nullement touché par l'ironie, mais en arrivant ainsi au village, il m'a donné une autre preuve qu'il serait sous peu un grand chien.

Et il raconta comment il avait découvert Noulouk sérieusement mordu à l'épaule, et la façon dont il avait malgré tout fait le chemin du retour

— J'ai voulu le tester, continua Amaamak, j'ai voulu mesurer son courage. Dans de pareilles conditions, bien des chiens de son âge se seraient couchés en pleurnichant sans vouloir faire un pas, tout juste bons à être ramenés sur le traîneau. Noulouk a couru jusqu'au bout. Je suis fier de lui.

Natumak acquiesça. Sans même avoir regardé la blessure, il pouvait juger de sa gravité à la façon dont boitait le chien. Lui aussi appréciait la dose de courage nécessaire pour parcourir ainsi une telle distance.

Le lendemain, Amaamak laissa Noulouk au repos. Et le surlendemain également. Puis le mauvais temps l'empêcha de sortir durant plusieurs jours, si bien que Noulouk ne reprit le harnais qu'une semaine plus tard. Rien ne subsistait de sa mésaventure et il rayonnait de vitalité. Cette épreuve l'avait aguerri. Par la révélation de ressources qu'il ne soupçonnait pas, elle avait éveillé en lui une confiance jusque-là inconnue. Amaamak le remarqua dès la sortie du village, lorsque, à l'étranglement habituel, le grognon, comme à chaque fois, le bouscula. Alors que d'ordinaire Noulouk cédait timidement le passage, là, comme s'il s'attendait à la manœuvre, il résista et, mieux encore, découvrit ses cros. L'autre en fut si surpris qu'il le laissa passer avant lui. Pour Amaamak, cet incident apparemment anodin ne pouvait qu'en entraîner d'autres qui, tôt ou tard, déboucheraient sur une bagarre.

Elle se produisit moins de deux semaines plus tard, au cours d'une halte. Elle fut foudroyante. L'Inuit s'occupait à bourrer de neige sa bouilloire à thé, lorsqu'il entendit grogner les chiens. Il n'y attacha pas d'importance sur le moment mais, avant même qu'il se retourne, Noulouk et le grognon étaient aux prises. Plus vif, Noulouk avait esquivé l'attaque et c'était lui maintenant qui tenait l'autre entre ses mâchoires. En plein milieu du cou. Stupéfait, Amaamak hésita. Il s'apprêtait à les séparer mais, voyant que Noulouk maîtrisait son aîné, il voulut lui laisser le temps d'affirmer son autorité toute neuve. C'est alors qu'un troisième s'en mêla et sauta sur Noulouk pour défendre le grognon. Le jeune chien réagit à une vitesse surprenante. Il lâcha le grognon étourdi pour prévenir l'assaut. Les deux bêtes roulèrent dans la neige en grondant, mordant, battant des pattes. Rapidement Noulouk se dégagea et d'un coup de reins fut sur pied pour bondir sur l'autre quand il se releva. Comme pour le grognon, il le déséquilibra d'un coup d'épaule et le saisit à la gorge. L'animal se démenait tant qu'il pouvait mais la prise était imparable. C'est Amaamak qui le délivra. Noulouk avait perdu quelques touffes de poils, un peu de peau aussi, mais il était vainqueur. Vainqueur de deux chiens à la fois. Les deux qui le précédaient dans la hiérarchie.

A présent, d'autres voulaient se joindre à l'échauffourée mais l'Inuit les en dissuada avec le manche de son fouet. Puis, une fois le calme revenu, il retourna comme si de rien n'était à la préparation de son thé. Cette double victoire de Noulouk le comblait d'aise, mais il ne devait pas le montrer à la meute, prompte à développer envers lui un sentiment de jalousie des plus néfastes. Tandis que les trois antagonistes léchaient leurs plaies, Amaamak repassait dans sa tête ce combat fulgurant. Il n'en revenait pas encore. Incontestablement moins fort que ses adversaires, Noulouk possédait par contre davantage de vivacité, de souplesse et d'intelligence. Et cette façon de déséquilibrer pour atteindre la gorge, l'endroit le plus vulnérable ! Comme font les loups. Noulouk s'était battu comme un loup et cela plus encore réjouissait Amaamak.

— Il est plus loup que chien, dit-il entre ses dents ; si je peux m'en faire un ami, j'aurai vraiment le meilleur attelage du pays.

Noulouk, lui, ne s'inquiétait guère de ses origines. Cette première bagarre gagnée sans qu'il sache vraiment pourquoi le remplissait d'une force nouvelle, supérieure à celle de ses muscles encore bien tendres. Alors que jusque-là il craignait tous ses compagnons, voilà qu'il savait maintenant que d'autres pouvaient le craindre aussi. Quelques coups de crocs bien placés venaient de lui révéler la loi de la meute. Une loi de chiens, à laquelle l'homme doit rester étranger. Avant de s'endormir ce soir-là, il pensa que la position de Talouk était bien enviable. Certes, Youka marchait en avant et indiquait la route, mais celui qui les dominait tous, c'était Talouk, le vrai chef. Noulouk mesurait tout à coup combien d'efforts et de bagarres il lui avait fallu pour parvenir à ce sommet et il l'admirait d'autant plus.

Lorsque deux chiens se battaient, Talouk intervenait pour les séparer, et bien souvent il le faisait si vite qu'Amaamak n'avait pas à s'en mêler. Ainsi les batailles pouvaient difficilement se développer, chacun connaissait bien son rang dans la meute, et ordi-

nairement s'y tenait. Mais l'arrivée d'un nouveau chien bousculait l'ordre établi. S'il s'agissait d'un adulte, son acceptation entraînait toujours quelques remous que Talouk mettait parfois longtemps à contrôler, tant que l'animal ne se situait pas exactement parmi les neuf ou dix individualités déjà là. Avec les chiots c'était différent. On les tolérait mieux au début, mais les problèmes apparaissaient dès qu'ils devenaient plus robustes et manifestaient quelques prétentions.

Par cette bataille, Noulouk venait de perdre définitivement son statut de jeune chien, et le fait qu'il en soit sorti doublement vainqueur déclenchait bien sûr des réactions. Et plus particulièrement chez les chiens de bas rang. C'est maintenant qu'allaient se préciser pour lui les haines comme les amitiés.

Amaamak nota un changement dans le comportement de son attelage dès les sorties qui suivirent. Sa connaissance du caractère de chacune de ses bêtes ne lui permettait cependant pas toujours de deviner leurs sentiments, et certaines attitudes l'étonnaient quelquefois. Ainsi remarqua-t-il deux chiens qui, contre toute attente, semblaient tout à fait sympathiques à Noulouk. Ils étaient de rang moyen mais d'un naturel querelleur, aussi l'Inuit pensa que cette surprenante tolérance éviterait de nombreux accrochages. De la même façon, il sut que Youkiok, qui venait aussitôt derrière le chef et briguait sa place, ne serait pas le copain de Noulouk. Il lui avait déjà cherché noise et, bien que Noulouk ait immédiatement fait preuve de soumission, l'autre l'aurait certainement rudoyé sans l'intervention de Talouk. Noulouk le redoutait ce Youkiok, car en plus de sa force il possédait un caractère sournois qui, dès cet incident, l'incita à la plus grande méfiance.

Les moments propices aux bagarres se situaient

durant les longues heures où les chiens attendaient leur maître parti guetter les phoques au milieu des glaces. Alors que sur la piste le travail leur demandait trop d'efforts et d'attention, là, laissés à eux-mêmes, ils n'avaient rien d'autre à faire que de ressasser leurs différends. Heureusement Talouk veillait, et les antagonistes n'échangeaient guère plus que des grognements, des grimaces menaçantes ou, au mieux, des intentions de morsures aussitôt réprimées. Mais il arrivait aussi qu'une succession d'escarmouches trouvât son aboutissement dans une mêlée générale beaucoup plus difficile à enrayer.

C'est ainsi qu'un soir, en regagnant son traîneau, Amaamak découvrit un drame. Il était parti longtemps ce jour-là et revenait avec deux phoques qu'il traînait au bout d'une lanière passée sur son épaule. Les chiens, que l'odeur du gibier rendait toujours très empressés de saluer son retour, n'y attachaient pas grande importance aujourd'hui. En effet, au moins la moitié s'occupait consciencieusement de se lécher les pattes, les flancs, ou bien, grâce à de savantes contorsions, quelque partie du dos. D'autres se passaient la tête dans la neige qui, en maints endroits, portait des traces de sang. Un gigantesque affrontement venait de se produire et, à distance, Amaamak remarqua parmi cette animation un chien allongé de façon anormale. D'abord il crut que c'était Noulouk mais, en se rapprochant, il identifia Youkiok, tellement mal en point qu'il paraissait sans vie. Blessé au ventre et au cou, les oreilles en lambeaux, l'animal respirait difficilement. Il se laissa examiner en râlant et, n'eût été la petite lueur qui éclairait encore son œil, Amaamak l'aurait sans doute achevé d'un coup de carabine tant il faisait peine à voir. Il le tira sur une peau de caribou afin de mieux le charger sur le traîneau. Puis il s'intéressa aux autres. Tous, à part les femelles, portaient quelques marques du combat. De légères morsures généralement, sauf pour Ottoq qui arborait une assez forte entaille au poitrail. Noulouk saignait d'une cuisse et, en deux endroits, de larges touffes de poils arrachés éclaircissaient sa fourrure jusqu'à la peau. Absorbées par leur remise en état, les bêtes feignaient de ne pas voir Amaamak qui cherchait l'explication du carnage. Mais plus aucune antipathie ne semblait subsister, et toute déduction se révélait impossible. Peut-être Noulouk était-il involontairement responsable de cet accès de fureur déclenché par la jalousie des uns, l'inquiétude des autres ? Comment se faisait-il alors que le solide Youkiok en ait fait si cruellement les frais ? Une vieille rancune ? Une vengeance collective ?

Le chef Talouk se frottait vigoureusement le museau sur la neige, seul endroit apparent qui trahissait sa participation à l'engagement. Puis il s'assit, très grave, en regardant son maître. Il semblait fier de lui. Fier d'avoir arrêté le massacre ? Fier d'avoir établi une autre hiérarchie ? Lui seul le savait et Amaamak espérait bien le découvrir lors des prochains voyages. Pour l'instant, il se retrouvait avec un de ses meilleurs chiens mourant, et une demi-douzaine de coupables possibles.

Le retour au village s'effectua comme si rien ne s'était passé et, le soir, chacun reçut un morceau de phoque pour calmer son appétit. Vu son état, Youkiok fut autorisé à dormir sous le porche. Il refusa la viande rouge que lui offrit l'Inuit mais, en revanche, vida coup sur coup deux casseroles d'eau avant de retomber dans une semi-inconscience. Ses blessures étaient inquiétantes mais, par chance, les plus vilaines restaient à portée de sa langue. Un chien qui peut lécher ses plaies a davantage de chances de guérir ; les prochains jours diraient si la langue de Youkiok saurait le soulager.

Ce n'est que le surlendemain qu'il se remit à manger, sans paraître plus vigoureux pour autant, mais la riche viande de phoque le remonta un peu. Lentement il revenait à la vie. Amaamak ne pouvait pas grand-chose pour l'aider, sinon le laisser à l'abri sous le porche et le nourrir des meilleurs morceaux. Youkiok travaillait bien dans l'attelage, et son maître qui appréciait son courage et son dévouement comptait sur sa forte constitution pour surmonter cette mésaventure à laquelle bien des chiens n'auraient pas survécu.

Natumak venait le voir souvent et se montrait plus formel :

— Il s'en remettra, disait-il, il a résisté au plus dur, il sera sur pied sans tarder, mais j'aimerais bien savoir qui lui a flanqué une telle correction !

— Ça, c'est le mystère. Ça m'étonnerait que ce soit Talouk, il est autoritaire mais pas méchant... Je penserais plutôt à deux ou trois qui se seraient ligués contre lui... Sans doute au sujet de Noulouk... Mais pour quelle raison précise ?... Et pourquoi Talouk n'a-t-il pas arrêté la bataille au début ?

Autant de questions essentielles à la bonne marche de l'attelage, et qui devinrent une obsession pour Amaamak. Plus que jamais il observait ses chiens, à la recherche d'un indice mais, après quelques sorties, seule se dégageait la certitude d'un renforcement d'autorité chez Talouk. Il suffisait que le chef de meute s'approche d'un congénère pour que celui-ci courbe craintivement l'échine, la queue entre les pattes, ou bien s'aplatisse carrément sur la neige. Et quelquefois, pour affirmer mieux encore sa suprématie, Talouk allait même jusqu'à uriner sur la fourrure de l'un ou de l'autre qui lui avait pourtant signifié sa soumission. Amaamak en déduisit que Youkiok n'avait peut-être pas été victime d'une coalition, mais plutôt de ses prétentions au rang de chef. Dans ce cas, Talouk ne serait sans doute pas aussi étranger à l'affaire qu'il y paraissait au début. Quoi qu'il en soit, une évidence ressortait : discipline et cohésion exemplaires régnaient dans l'attelage. Bien sûr, Amaamak ne s'en plaignait pas, mais dans ce cadre rigide il définissait mal les relations qu'entretenait Noulouk envers chacun de ses compagnons, et cela l'intriguait passablement.

Il fallut un incident qui, en d'autres circonstances, serait resté sans conséquence, pour que se dévoilent d'un coup les sentiments de la meute envers le jeune chien. Cela se passa un jour où Amaamak était à la recherche d'une petite harde de caribous repérée la veille. Tous les caribous n'émigrent pas, il en reste toujours quelques-uns qui se tiennent toute l'année dans une même région, obligés, l'hiver, de creuser la neige pour atteindre les lichens. De nombreux trous en forme d'entonnoir marquent alors leur passage, bien qu'une telle découverte ne prouve pas forcément leur présence immédiate. Amaamak savait qu'il devrait les pister durant des jours. Par chance, le vent léger laissait intactes sous le nez de Youka ces traces de trous et de sabots. Merveilleusement chaussé pour parcourir son pays, *Tuktu,* grâce à ses larges pieds fourchus, se sent aussi à l'aise sur la neige d'hiver, sur la glace des lacs ou sur le roc nu de l'été. C'est un voyageur imprévisible dont les marques désordonnées ne semblent jamais suivre de direction bien précise, mais voici que là, subitement, elles se dirigeaient toutes vers un chapelet de monticules. Puis elles changèrent bientôt d'apparence pour ne traduire qu'un nerveux piétinement qui se développait plus loin dans un galop forcené : arrivées de biais, d'autres traces côtoyaient maintenant les empreintes fuyantes, des traces fort différentes. Des traces de loups. Amaamak fit arrêter Youka. Il marcha un peu devant ses chiens, tout courbé, s'agenouillant pour apprécier les nouvelles marques du bout des doigts.

— Au moins cinq ou six, marmonna-t-il, autant que de caribous, ils peuvent les emmener loin.

Impatients, les chiens s'agitaient en humant alternativement l'air et la neige. Des gémissements s'étouffaient dans la gorge des plus fougueux. A peine leur maître fut-il remonté sur le traîneau qu'ils bondissaient derrière Youka. Les traces filaient toujours vers les collines et la chienne les suivait sans se retourner, certaine que sa décision était aussi celle de l'Inuit. Dans le moment, rien n'aurait pu distraire la meute exaltée. Bientôt de nouvelles empreintes, plus fines, se joignirent aux autres, s'inscrivant à côté sans toutefois se mélanger : les renards. Confiants dans les talents de chasseurs des loups, ils suivaient à distance prudente, pressés d'arriver les premiers après leur repas dont nombre de bêtes et d'oiseaux se disputent toujours les maigres restes. Les chiens connaissaient ces pistes, et la bise légère qui courait sur la neige leur disait beaucoup plus encore. Comme tous ses compagnons, Noulouk tendait son trait au maximum, avançant lui aussi le nez baissé sur ces promesses de sang. Le jour terne nivelait tout alentour, mais Amaamak savait que le bout de la course n'était plus très loin. Son expérience lui disait aussi que la chasse allait bientôt se jouer. La chasse des loups comme la sienne. En effet, les traces bifurquèrent à droite, alors que l'horizon s'assombrissait de la masse des collines. Un instant les marques de pattes et de sabots se côtoyèrent puis, lorsque se présenta l'assise rocheuse de blocs partiellement enneigés, seuls les caribous continuèrent sans dévier, en se jouant des accidents du terrain. Au piétinement on voyait que les loups avaient hésité, s'étaient élancés quand même, glissant sur les rochers, tombant, laissant ainsi prendre une précieuse avance à leurs proies.

Youka et la meute voulurent tenter l'escalade mais Amaamak les retint. Le traîneau rendait la chose impossible. Des ordres brefs comme des cris d'oiseaux obligèrent Youka à longer l'obstacle jusqu'à une brèche qui s'ouvrait sur une petite vallée. Le vent avait façonné là un paysage tourmenté, encombré de gros rochers noirs que cernaient d'innombrables congères patiemment arrachées au sol qui, par endroits, cachait sa nudité sous une maigre végétation d'herbes sèches. Sans aucune hésitation Amaamak guidait ses chiens dans ce dédale ; et, non sans peine, Youka arriva enfin dans une plaine qui s'enfuyait à l'infini. Indécise, la chienne se retourna, et l'Inuit lui dit d'aller tout droit, en plein vers le milieu.

Avant tout Amaamak voulait reprendre la voie des caribous. Il n'espérait pas les rattraper si vite, mais il savait que, une fois terminée la chasse des loups, la petite harde se remettrait à la recherche du lichen. Le jour timide se retirait à grands pas, bientôt il faudrait s'arrêter pour bâtir l'igloo et l'Inuit poussait ses bêtes à coup de *Uit ! uit !* aussi tranchants que le sifflement du fouet. Malgré leur bonne volonté, ils semblaient ne pas avancer dans ce décor anodin qui renaissait à mesure. Et brusquement, comme attirée par une force irrésistible, Youka obliqua à droite : elle venait de sentir le passage du gibier dont les empreintes apparurent peu après. Et avec elles les larges pattes des loups. Alors Amaamak arrêta le traîneau. Pas facilement, tant les chiens espéraient de cette poursuite, mais il ne servait à rien de s'acharner ce soir. « Les loups vont profiter de la nuit pour chasser, pensa l'Inuit, demain il nous sera plus facile de rejoindre les caribous. » Il retourna son traîneau en enfonçant profondément le bout des patins, de crainte que ses chiens ne continuent la traque sans lui. Puis il ne s'occupa plus que de l'igloo.

De son couteau à longue et large lame, il sonda tout d'abord la neige pour en évaluer dureté et profondeur, et les chiens qui connaissaient bien ce geste voyaient s'envoler leurs dernières chances de réussite. Lorsque l'endroit lui parut convenable, Amaamak traça un cercle à l'intérieur duquel il découpa de gros blocs solides qu'il plaçait à mesure sur le pourtour. Un mur en forme de spirale se développait ainsi, rehaussé par chaque nouvelle rangée maintenant inclinée vers le centre. Le couteau à neige taillait en crissant, équarrissait les blocs, les

la construction d'un igloo.

soulevait, les posait, les assemblait ensuite, véritable truelle du bâtisseur d'igloo. Amaamak ne prélevait pas également la neige sur toute la surface du cercle. Sur la moitié, il ménageait une plate-forme à présent surélevée d'une cinquantaine de centimètres. Les Inuits l'appellent le *illiq*, la banquette pour s'asseoir ou dormir.

L'igloo prenait forme. Il ne resta bientôt plus qu'un trou au sommet. Un dernier bloc fut façonné pour l'obstruer et, de l'intérieur, Amaamak ajusta minutieusement cette clef de voûte capable de supporter sans danger le poids d'un homme. Ensuite il ressortit par l'étroit passage ouvert à la base puis, avec des coins de neige enfoncés du poing, il colmata les interstices. La maison de neige était prête. Il avait fallu moins d'une heure pour la construire et, malgré le froid, Amaamak était en nage. Mais il avait encore à faire avant d'en profiter. Tout d'abord apporter à l'intérieur le réchaud, quelques ustensiles, les peaux de caribou qui recouvriraient la banquette, et aussi enlever les harnais des chiens. Depuis l'arrêt, après que fut calmée leur déception, la plupart s'étaient ramassés sur eux-mêmes et somnolaient en attendant leur repas, à l'exception de trois ou quatre, dont Noulouk, qui demeuraient assis, l'oreille attentive, le nez relevé, à questionner le vent. De très légers effluves, de lointains hurlements leur disaient que des loups et des caribous, quelque part dans la toundra, menaient chacun à leur façon la dure lutte pour la vie. Amaamak déroula une immense chaîne métallique, dont il fixa chaque extrémité à des piquets solidement enfoncés dans la neige tassée à coups de talon tout autour. Le long il attacha les chiens, deux par deux selon leurs affinités, à des intervalles tels que les couples ne pouvaient s'atteindre. Noulouk se trouvait avec Itak, un animal d'un

an son aîné, qui courait souvent à ses côtés et avait lui aussi subi les attaques du grognon en arrivant dans l'attelage. Leur bonne entente tenait peut-être à ces problèmes communs, et la façon identique dont ils les avaient surmontés leur donnait un respect mutuel des plus stimulants. Maintenant sur la chaîne, les chiens cherchaient à nouveau une bonne position contre le froid, sans perdre de vue leur maître qui découpait à la hache un quartier de phoque gelé. Les loups ne cessaient de hurler, et Amaamak qui comprenait leur langage apprit ainsi que les caribous venaient une autre fois de leur échapper. Le chef lançait le cri de ralliement pour entreprendre une autre poursuite. Tout en s'activant, Amaamak surveillait Noulouk qui, plus que les autres, paraissait attentif à cet appel. Le corps raide, le museau pointé vers la lune, il bougeait parfois les pattes dans un mouvement d'impatience.

Et soudain ce fut la surprise. Il rejeta la tête en arrière, ferma les yeux et tira de lui-même un hurlement si puissant et si inattendu que les autres chiens sentirent leurs poils se hérisser. Amaamak en resta stupéfait, un quartier de phoque à la main. Ce n'était pas un cri de chien qu'il venait d'entendre, mais un authentique hurlement de loup. Indifférent à l'émoi qu'il causait, Noulouk hurla deux fois encore et là-bas, au bout de la nuit, les loups répondirent. Tous les autres chiens maintenant s'étaient tournés vers lui, le regard interrogatif nuancé tout à la fois de crainte, de respect et de haine chez certains. Amaamak aussi le fixait, sans plus savoir si c'était un chien ou un loup qu'il voyait. Puis il revint à la réalité, il distribua à chacun son morceau de phoque et rien d'autre ne compta que la viande gelée qui craquait sous les mâchoires.

A présent l'Inuit pouvait s'occuper de lui-même.

Il rampa à travers l'entrée de son igloo qu'il referma hermétiquement avec un bloc taillé à cet effet puis, avant toute chose, tapa vigoureusement ses habits de peau afin d'en chasser la neige qui les rendrait humides en fondant. Dès qu'il alluma son réchaud, l'abri se remplit d'une agréable tiédeur. La paroi de neige fondit un peu pour s'égaliser en une surface glacée parfaitement étanche. Le repas se composait de poisson cru et gelé, ainsi que de *bannok*, ce pain sans levure qui se conserve longtemps et permet ainsi au chasseur de prendre patience en attendant le gibier. Amaamak trempait son *bannok* dans le thé pour le ramollir, et bientôt l'effet conjugué du réchaud et du liquide brûlant l'obligea à retirer son parka. Lorsque plus tard il se glissa dans son sac de couchage, il avait presque enlevé tous ses habits, dont il poussa une partie au fond pour les retrouver chauds le lendemain. Sur la banquette de neige, deux peaux de caribou faisaient un matelas moelleux et isolant. Il avait laissé dehors sa carabine, car la différence de température, en provoquant de la condensation, enrayerait à coup sûr le mécanisme.

Depuis qu'il s'était fixé à Igloolik, Amaamak appréciait beaucoup de dormir sous l'igloo. Et même si la nostalgie d'une époque enfuie l'assaillait toujours un peu, il la repoussait pour profiter au mieux de ces moments d'exception. Sous son toit de neige tout lui semblait plus vrai. Le contact avec le pays, ses rapports avec ses chiens. Isolé dans cet environnement sauvage, il se sentait plus proche d'eux, il dépendait de leur force et de leur courage. Et si les chiens retrouvaient eux aussi leurs instincts profonds, ils n'en manifestaient pas moins envers lui un dévouement à toute épreuve. Ce soir, avant de s'endormir, Amaamak pensait à tous et à chacun, à des chiens d'autrefois qui s'étaient épuisés à tirer son traîneau dans les pires conditions, à ceux qui lui permettaient d'aller chasser aujourd'hui, Youka, Talouk, Kalik, Tiggak... Noulouk. Noulouk qui, tout jeune encore, ne cessait de l'étonner, de l'impressionner par sa vaillance, sa ruse, sa souplesse, et qui venait de s'identifier aux loups de si magistrale façon. Certes, il n'était pas leur premier descendant à courir dans un attelage de chiens, et pourtant Amaamak hésitait aujourd'hui à voir cela comme un avantage car, sans vraiment pouvoir dire pourquoi, il sentait que Noulouk échappait aux comparaisons. A la fois l'Inuit craignait certes des difficultés pour plus tard, mais il pressentait aussi une complicité inhabituelle avec cet animal porteur de si jolies promesses. Mais à nouveau ses spéculations chancelèrent sous une masse d'inconnues et il s'abandonna à la fatalité si familière à son peuple.

Bien enfoncé dans son sac de fourrure, il en appréciait la douce et dormitive chaleur quand un cri terrifiant le secoua, parti de derrière le mur de neige : une sorte d'aboiement rauque aussitôt étranglé pour devenir une longue plainte aiguë, tenue jusqu'à la limite du souffle. C'était Noulouk appelant ses frères sauvages.

Amaamak se dressa sur un coude pour guetter leur réponse, mais il n'entendit rien. Aucun des autres chiens non plus ne bronchait. Le silence était retombé sur la nuit, et seul Noulouk savait quels mystères il renfermait.

8

Le lendemain, lorsque Amaamak dégagea la porte de son abri et se traîna dehors, une clarté timide luttait contre la collusion du ciel et de la terre qui, à courte distance, dressaient un même écran opaque. Les chiens ne bougèrent pas en voyant leur maître, car il avait laissé sous l'igloo les harnais remis en ordre hier au soir. Ils veillaient à conserver leur chaleur le plus longtemps possible, jusqu'au moment de la course qui seule ensuite pourrait la leur restituer.

Avant de les atteler, l'Inuit devait glacer les patins du traîneau. Les longues lames métalliques glissent très mal dès qu'elles perdent leur couverture de glace bien polie. Du dos de la lame de son couteau à neige, il retira l'ancienne protection à moitié arrachée pour mettre à nu, d'un bout à l'autre, la bande de métal argenté. Le froid le rendait maintenant si collant, qu'il aurait suffit de le toucher sans gants pour ne plus pouvoir retirer la main qu'en y laissant la peau. Puis il prit sous l'igloo une casserole d'eau chaude et, avec un gros pinceau en poils d'ours, l'étendit de façon bien régulière sur l'acier. L'eau se figea instantanément en une pellicule lisse et brillante. Il était temps d'équiper les chiens. A la vue des harnais ils se levèrent sans hâte et entreprirent de savantes extensions de pattes, de dos et de cou, afin de retrouver la souplesse perdue durant la nuit passée dans la même position. Sitôt harnaché, chacun attendait à présent qu'Amaamak en finisse avec ses compagnons, retourne son traîneau, récupère ses affaires et donne le signal du départ. Autant la bousculade accompagnait toujours les sorties du village, autant ici les chiens reprenaient dans le calme leur place derrière Youka.

Le petit igloo s'estompa très vite dans la pâleur environnante d'où n'émergeait aucun repère. Que de la neige qui se perdait dans la neige. Que de la brume qui masquait d'autres brumes. Pourtant, Amaamak savait où il allait. Et Youka aussi. Sûre d'elle, sans besoin de commandement, la chienne menait la meute sur les traces de caribous abandonnées la veille. Le vent les avait effacées en maints endroits, mais le flair et l'instinct de Youka s'en moquaient bien. Longtemps la neige ne révéla plus aucune empreinte, au point qu'Amaamak hésita. Il laissa néanmoins faire la chienne, convaincu par l'assurance avec laquelle elle fonçait, sans même se retourner pour demander son approbation. Très vite, l'Inuit sut que sa confiance n'avait pas été vaine : au détour d'un ravin apparurent à nouveau les traces de la harde. Des traces un peu différentes toutefois, s'inscrivant sur deux lignes parallèles. D'un côté les empreintes régulières des larges sabots concaves et, quelques mètres plus loin, les traces d'un seul caribou cernées de pattes de loups : un retardataire dont l'état déficient ne lui permettait plus de suivre la cadence. Les deux pistes se rapprochaient parfois, et la belle régularité de l'une contrastait avec le désordre de l'autre, dont les marques n'étaient pas toujours celles d'un galop. De longs intervalles décrivaient les bonds des prédateurs pour atteindre l'animal au cou et lui sectionner la veine jugulaire, par où la vie s'écoulerait plus vite que d'aucune autre partie du corps. De larges espaces foulés témoignaient de leurs nombreux échecs. Les loups avaient roulé dans la neige, piétinés, malmenés. Un écroulement s'imprima bientôt dans un passage de neige molle, et des taches de sang colorèrent les empreintes entremêlées. Le caribou s'était défendu de ses sabots coupants capables de fendre le crâne d'un loup, mais ses forces le quittaient. Il avait pourtant repris sa course désespérée, d'un pas alourdi par l'épuisement, tentant de suivre malgré tout le chemin de la harde qui l'avait devancé. Les foulées se chevauchaient par endroits et cette confusion servait Amaamak, car le sang figé dans la neige hypnotisait ses chiens tout en les animant d'une implacable détermination. Et puis Youka partit à la course. Elle venait d'apercevoir la tache sombre d'un caribou étendu en avant. Tous l'imitèrent en glapissant comme des coyotes, oubliant le traîneau qui heurtait les bosses à grands coups répercutés tout le long des patins.

Le caribou n'était plus qu'un amas d'os et de lambeaux de peau. La cage thoracique, proprement nettoyée, montrait la plupart des côtes brisées. La neige tout autour conservait à peine une couleur rosâtre, vestige de la nappe de sang léchée et mordue. Les traces de loups n'y subsistaient presque plus, piétinées par les pattes fines des renards et celles des corbeaux qui, eux aussi, avaient profité du festin après leur départ. Pourtant, ces quelques os mal rongés suffirent encore à déchaîner la convoitise des chiens. Avant qu'Amaamak n'ait pu les contenir, ils se ruèrent sur ces piètres reliefs tout juste bons à susciter des bagarres. En même temps qu'eux l'Inuit bondit dans la mêlée pour les écarter de cette curée illusoire. D'un poing serré, il cognait sur les museaux. Il empoignait les épaisses fourrures et tirait de toutes ses forces sur les bêtes qui se cramponnaient farouchement, sautant de tous côtés dans l'espoir de saisir un morceau de carcasse. Les courroies s'enchevêtraient dans les os, les pattes, pour tisser un inextricable lacis ensanglanté. Les mâchoires claquaient dans le vide, mais quelquefois aussi se refermaient sur la peau d'un autre chien et la bataille reprenait.

Noulouk se retrouva aux prises avec Kalik. Amaamak les sépara avant que l'un d'eux n'ait vraiment le dessus. Il lui fallut frapper encore pour contenir cette ruée sauvage qui le laissa exténué, le souffle court et le dos moite. Les chiens, eux, se couchèrent à distance, l'œil avide, tandis que la crainte de leur maître remplaçait lentement la tentation.

L'Inuit tira au loin la carcasse. Les dents du caribou, ridiculement découvertes, trahissaient son âge avancé, principale cause de sa perte. Un animal en forme possède assez d'atouts pour s'échapper. Il peut courir très vite plus longtemps que les loups

qui, malgré leurs ingénieuses stratégies, ne sont jamais certains de pouvoir l'attraper. Non seulement leur chasse sélective n'amoindrit pas les troupeaux, mais elle les conserve au contraire en bonne santé. Restait le problème des traits, réunis dans un vague toron, de l'avant du traîneau jusqu'à hauteur des harnais quelquefois. Travail long et délicat que d'extirper chaque lien de tant de boucles et de nœuds, sans même laisser aux doigts raidis de froid le temps de retrouver leur agilité dans les moufles. Malgré cela, Amaamak ne repartit que beaucoup plus tard, en prenant fermement à l'opposé de la carcasse afin d'éviter d'autres ennuis. Les renards pourraient bientôt y revenir, et même les gros corbeaux noirs, maintenant que la meute trottait vivement à la recherche de la harde enfuie.

Le vent n'avait pas gommé partout les marques des larges sabots en croissant, et leur espacement disait à l'œil expert d'Amaamak que les caribous revenaient à une démarche paisible. La piste n'apparaissait pas nettement, mais le chasseur pourrait s'en passer. Il savait que les bêtes ne se préoccupaient

que de manger à présent. Leurs pas devraient les conduire sur le flanc de collines proches où la neige toujours en mouvement ne recouvre jamais profondément les lichens.

Dès que la clarté blafarde laissa se profiler une élévation du terrain, l'Inuit freina son attelage, puis l'abandonna bientôt pour continuer seul à pied. L'odorat du caribou est si fin qu'il peut défier de grandes distances, pourvu que le vent ne lui soit pas hostile. Amaamak ne voulait pas risquer de faire fuir à nouveau ce gibier maintenant dans les parages. Ses chiens le regardèrent s'éloigner. Bientôt la grisaille absorba son profil, arrondi par le parka de fourrure auquel le capuchon pointu donnait une note excentrique. La neige comprimée par les tempêtes se creusait à peine sous ses pieds mais, pour mieux étouffer les bruits aigres que chaque pas lui arrachait, il avait rajouté à ses bottes une semelle de peau d'ours, poil en dessous, qui absorbait le moindre craquement indiscret. Le caribou a l'oreille fine et, dans ces espaces illimités, l'air pur et léger lui apporte de loin les bruits les plus minces.

Régulièrement Amaamak faisait des haltes d'observation, sans que son insistance lui révèle aucun caribou. Lorsqu'il atteignit les collines, il en entreprit l'escalade. A mi-chemin il s'arrêta, scrutant les coulées dénudées où subsistaient des touffes de mousse à découvert, fouillant les vallées où le lichen s'écrasait sous la neige, sondant la surface supposée d'un lac où les caribous aiment se reposer, à l'abri d'une attaque surprise des loups. Mais rien. Seulement un immense désert qui s'enfonçait dans la blancheur laiteuse d'un jour malingre. Un peu plus haut, il s'attarda encore à détailler ces solitudes. En vain. Cette pente exigeante lui prenait tout son souffle, que le froid transformait vite en givre autour de la bouche ou sur les bords du capuchon. Un renard posté sur la hauteur troua le silence de quelques cris aigus, mais Amaamak n'interrompit pas sa montée en oblique. Il ne s'arrêta qu'avant le sommet et, malgré l'absence de traces ou d'indices, vérifia que son arme était prête. Sa vieille connaissance du caribou lui disait que la harde pouvait très bien se tenir sur l'autre versant, juste en dessous de la crête, et qu'il devrait tirer très vite. Prudemment il continua à grimper et, parvenu au sommet, recula aussitôt d'un pas et s'aplatit sur la neige : en effet les caribous étaient là, une dizaine qui viandaient au bas de la côte.

— *Tuktu* ! dit-il d'une voix sourde.

Tuktu, mot magique pour des générations de chasseurs inuits, qui doivent à cet animal étonnant d'avoir survécu sur la terre la plus inhospitalière de la planète.

Un moment, Amaamak observa les bêtes afin d'élaborer une stratégie qui dépendrait à la fois de leur avance et du sens du vent. D'un mouvement circulaire des pattes antérieures, les caribous creusaient la neige à cadence accélérée pour dégager les délicats lichens enfouis. Ensuite ils plongeaient la tête dans l'entonnoir ainsi formé, puis recommençaient quelques pas plus loin. S'ils ne semblaient pas particulièrement inquiets, ils n'en demeuraient pas moins en alerte, et l'Inuit jugeait sa position trop mauvaise pour parvenir à portée de tir. Il lui fallait absolument les devancer et leur tendre une embuscade. Le vent lui était favorable et, plus loin, de gros blocs de pierre lui permettraient de se cacher. Protégé par la masse oblongue de la colline, il se hâta de redescendre et de gagner l'extrémité pour venir, avec mille précautions, se poster dans les éboulis. A une centaine de mètres, les caribous arrivaient paisiblement, au rythme de leurs creusages. Ainsi placé, Amaamak échappait à leur subtil odorat mais, pour augmenter encore ses chances, il se glissa discrètement entre les rochers, à la recherche du meilleur angle possible.

Les caribous ne se doutaient de rien. Parfois, ils faisaient une dizaine de mètres sans brouter, ou bien ils s'attardaient sur un périmètre très réduit mais, pour Amaamak, l'essentiel était qu'ils viennent bien dans sa direction. Il les attendrait le temps qu'il faudrait. Au bruit régulier des sabots s'ajoutait parfois celui d'un grognement d'arrière-gorge, un ébrouement rauque que le vent apportait comme une présence insolite, dans ces solitudes où les signes de vie étonnent toujours un peu. Les quelques cervidés ne se trouvaient à guère plus de quatre-vingts mètres à présent. Trop loin pour qu'Amaamak puisse espérer en tirer plusieurs, car il voulait, lorsqu'ils détaleraient après le premier coup de feu, se ménager la chance d'en abattre un ou deux encore. Sinon les bêtes s'enfuiraient, obligeant à un nouveau pistage, à une autre approche dans des conditions peut-être plus délicates, qui conduiraient très loin du village, avec certainement l'inconvénient d'avoir déjà à entamer ce gibier pour nourrir les chiens.

La sagesse commandait de patienter. Amaamak, immobile dans les rochers, se tenait prêt. Mais voilà que le meneur de la harde venait de s'arrêter et relevait la tête, les naseaux en l'air, à fouiller la bise. Tous les autres à sa suite avaient cessé de creuser. Un grand silence s'était posé sur la neige. Puis un grognement léger ramena la confiance. Les sabots entrèrent en action et la petite touffe verte au fond des trous redevint la préoccupation majeure de chacun. Pourtant, à mesure qu'ils progressaient, les animaux manifestaient quelque inquiétude. A nouveau les pattes se figèrent, et les têtes dressées quêtaient l'indice qui confirmerait la crainte naissante. Tapi dans sa cachette, Amaamak n'ignorait pas que le geste nerveux d'un seul caribou suffirait à faire s'enfuir au grand galop la harde entière, avant même qu'il soit raisonnable d'ouvrir le feu.

Alors il décida d'agir. Leur intuition seule prévenait les caribous de la présence du chasseur invisible, silencieux et face au vent. La ruse consistait donc à les rassurer, et pour cela il fallait les imiter. C'est ainsi qu'Amaamak se mit à grogner comme un caribou. L'effet fut immédiat. Les cervidés abandonnèrent leur position d'attente et firent quelques pas à la recherche de ce congénère facétieux. Par d'autres grognements à la raucité convaincante, Amaamak parvint à les remettre au travail : à grands coups de sabot ils revinrent à leurs creusages. Ils n'étaient plus qu'à une cinquantaine de mètres. Trop encore pour le chasseur embusqué qui, de peur qu'ils ne s'interrompent une autre fois, multipliait ses raclements gutturaux si rassurants. Ainsi les bêtes se rapprochèrent-elles sensiblement, jusqu'à ce que la force invisible et sourde de l'instinct, tout d'un coup, les immobilise dans un ensemble parfait.

Amaamak pensa que l'instant ne serait jamais plus opportun. Toujours masqué par les rochers, il visa un gros mâle situé à l'arrière de la troupe. L'animal tomba foudroyé, tandis que les autres se lançaient dans des bonds désordonnés, les forces décuplées par la surprise et la peur. L'Inuit réussit à en atteindre un autre au défaut de l'épaule, et il en visa même un troisième bizarrement revenu sur ses pas. Mais, au moment d'appuyer sur la détente, le mécanisme s'enraya et le caribou s'en alla.

— *Ayornarman* ! dit Amaamak, résigné.

Plutôt que cette déveine, c'était la chance d'avoir pu tromper deux beaux gibiers qui importait pour lui, car le chasseur inuit le plus habile sait toujours que sa réussite ne tient pas uniquement à son talent.

Il mettait côte à côte les deux caribous, lorsque l'air sec lui apporta la voix de ses chiens, là-bas dans la plaine. Il aimait les entendre crier ainsi, quand une chasse se terminait bien. L'homme taillé pour les grandes solitudes puisait un précieux réconfort dans cet encouragement animal. Et brusquement voilà qu'ils se turent, réduits au silence par un hurlement qui n'en finissait pas de vibrer. Un hurlement qui resta sans écho.

« Noulouk, sans aucun doute », pensa l'Inuit qui reconnaissait sa voix sans la comprendre encore. Noulouk qui soulignait derechef son appartenance à la famille des loups, sans vraiment garantir qu'il s'intégrerait plus tard à celle des chiens. Amaamak réfléchissait à cette curieuse situation en revenant chercher son attelage. Il reçut l'accueil d'une meute frétillante qui, à en juger par le bon ordre des traits, avait calmement attendu son retour. Sans le montrer il observait Noulouk que rien, sinon ses yeux jaunes, ne différenciait véritablement des autres. Et l'énigme s'épaississait davantage.

Le départ fut très rapide. Peu après, treize museaux frémissants venaient fouiller les carcasses. Ce n'est qu'à force de cris et de coups que le chasseur put les écarter afin de charger son traîneau. Parmi les caribous qui paissaient là tout à l'heure, certains portaient de somptueuses ramures aux géométries aussi compliquées qu'élégantes, terminées par d'impressionnantes palmures. Mais les deux qui gisaient sur la neige s'en trouvaient dépourvus. Ce n'était pas par hasard. Chez ces cervidés, sans doute les plus primitifs de la planète, mâles et femelles se parent également de bois qui tombent chaque année à des moments différents : dès novembre pour les mâles,

en avril ou mai, à l'époque de la mise bas, pour les femelles. Amaamak n'avait tiré que sur des mâles, pour laisser aux femelles, certainement gravides, une chance de donner des faons à la harde. Seules les longues pattes offraient assez de prise pour manœuvrer les carcasses. Un pelage dru enveloppait jusqu'au nez recouvert de courts poils d'un blanc éclatant, comme le ventre, les flancs et le dessous de la queue. Sur le reste du corps, des nuances mordorées assombrissaient la robe d'hiver aux poils dressés pour couper les terribles vents des plaines boréales. Sous la gorge, un surplus de peau lâche formait une barbiche affirmant mieux le mâle, lorsque les deux sexes ont perdu leurs bois. D'ordinaire, quand il chassait en compagnie d'autres Inuits, Amaamak dépouillait aussitôt son gibier, mais là, le froid intense ne lui laissait pas le temps de le faire seul. Déjà il raidissait les bêtes, repoussant à plus tard, au village, le moment de récupérer l'épaisse fourrure, si chaude et si pratique. Les deux caribous furent placés tête-bêche sur le traîneau, solidement attachés avec des lanières passées sous les traverses.

Le retour nécessita plus de travail. Alourdi, le *kamotiq* s'enfonçait davantage, et Youka multipliait les détours afin d'éviter les secteurs de neige trop

molle que les chiens brassaient à pleines pattes. Mieux que personne, elle savait qu'un long effort soutenu est préférable à des à-coups qui brisent les reins. Néanmoins, c'est hors d'haleine que les chiens arrivèrent au village. L'allure constante, sans aucun arrêt, avait suffisamment rongé leurs forces pour qu'ils s'affalent à présent sur la neige que chacun mordait à pleine gueule.

Durant toute la course, Noulouk s'était montré égal à ses compagnons, maintenant constamment son trait tendu, forçant dans les mauvais passages, se dépensant sans compter et, à le voir à présent attendre son repas sans paraître autrement fatigué, Amaamak constata avec plaisir que l'endurance lui venait aussi.

« C'est le moment de reprendre l'entraînement de chien de tête », pensait-il, alors qu'il se rendait chez Natumak.

Celui-ci arrivait justement avec un gros phoque.

— Belle prise ! apprécia Amaamak en aidant son ami à libérer l'attelage.

Ils se racontèrent ensuite par le menu la façon dont chacun avait réussi sa chasse, puis, une fois dans la maison, ils engagèrent évidemment la conversation sur les chiens. Amaamak avait hâte de parler des hurlements de Noulouk. Il n'omit aucun détail pour décrire sa surprise et celle aussi de la meute.

— Et les loups lui répondaient ? demanda Natumak.

— Bien sûr ! Ils lancaient l'appel pour la chasse, Noulouk l'avait très bien compris.

Natumak resta pensif un instant.

— C'est bien possible qu'il soit plus loup que son père, dit-il, on voit parfois des chiens qui sont tout le portrait de leur grand-père.

— Mais, chez Ayok, as-tu remarqué un comportement de loup ?

— Non, justement, pas à ce point. Ayok a toujours crié comme un chien. Jamais il n'a répondu à des loups, pourtant son père est bien un vrai loup... mais, enchaîna Natumak, c'est plutôt bon signe...

— A condition que ça ne déclenche pas de mauvaises réactions chez les autres...

— S'il sait s'imposer à eux, tu n'auras jamais de batailles.

— Et si je sais m'imposer à lui ! rajouta Amaamak, à la fois fier et perplexe.

Dès le lendemain débuta le véritable apprentissage. Au lieu d'atteler Noulouk au milieu de la meute, comme il le faisait jusque-là, Amaamak le plaça en avant, avec un trait à peine plus court que celui de sa mère. Youka demeurait chienne de tête, et Noulouk arrivait presque à sa hauteur, tandis que les autres venaient plus d'un mètre en arrière. Chaque ordre donné à Youka était doublé pour Noulouk, ainsi le jeune chien apprenait-il à guider l'attelage en ayant sous les yeux l'exemple de sa mère. Les leçons de l'été, momentanément reléguées, se rappelaient à sa mémoire pour donner plus d'efficacité encore à ses réactions. Dans le même temps, toute la meute enregistrait le changement, en gardant bien cachés pour l'instant les sentiments que cette promotion inspirait à chacun. Youkiok enfin rétabli reprit son harnais mais, diminué par sa cruelle défaite, il se montrait beaucoup moins ambitieux, allant même jusqu'à accepter la soumission face à des chiens qu'il aurait violemment corrigés auparavant. Il s'ensuivit un nouvel équilibre dominé par deux évidences : Talouk restait le chef incontesté et Noulouk grimpait irrésistiblement dans la hiérarchie.

Amaamak voulait en faire son meneur plus tard, mais il voyait que Noulouk visait surtout le commandement de la meute. La tâche est lourde pour un même animal. Quelques rares chiens seulement parviennent à l'assumer, et cette particularité, si elle fait leur fierté, donne toujours fort à penser à leurs maîtres. Amaamak cherchait confirmation de ses espoirs dans le souvenir d'autres chiens qui l'impressionnèrent, mais à chaque fois ses comparaisons s'enlisaient. Toujours quelque agissement imprévu de Noulouk le ramenait aux loups, avec cette grande part de mystère que les Inuits eux-mêmes n'ont jamais totalement percée.

Lorsque Noulouk atteignit quatre ans, il était devenu un splendide animal. Son corps élancé, tout en muscles, respirait la force sous la robe beige aux poils serrés cachant une épaisse couche de duvet laineux. Ses longues pattes reposaient sur des pieds massifs, aux doigts fortement arqués et isolés par des touffes pileuses. Sur la tête au crâne lourd, deux courtes oreilles pointaient vers l'avant. Plus foncée à cet endroit, la fourrure dessinait un masque parfaitement symétrique, qui s'avançait en V sur le front pour entourer les yeux obliques et rejoindre la base du nez. A partir de là, le museau assez effilé devenait d'un blanc immaculé. La truffe et les lèvres noires soulignaient cette face éclairée d'un regard d'ambre, lumineux et impénétrable. Autour du cou massif, la peau repliée faisait comme un collier prenant derrière les joues et s'appuyant sur les épaules. La queue très fournie, tantôt portée droite, tantôt enroulée sur le dos, ajoutait la noblesse à l'harmonie de la silhouette. Du chien nordique, Noulouk tenait le poitrail large et robuste, la forte ossature, une impression de puissance. Du loup, sa grande élégance et surtout cette expression dans le regard, tout d'intelligence, de ruse, de secret. Pour l'avoir maintes fois constaté, Amaamak savait qu'en plus il possédait aussi la résistance et le courage. Il l'attelait comme chien de tête en alternance avec Youka à qui sa longue expérience donnait toujours la supériorité dans les parcours délicats. Mais, avant même que Noulouk n'ait pu acquérir toute sa science, la dure réalité du Nord, une fois encore, se chargea de bousculer l'ordre des choses.

Cela se passa sur la banquise, un jour où Amaamak, allant chasser le phoque, croisa soudain des traces d'ours. De belles empreintes toutes fraîches, avec les griffes bien appuyées dans la neige. Aussitôt ce fut l'excitation. Chez l'homme autant que chez les chiens.

Depuis toujours les Inuits considèrent l'ours blanc comme le roi des animaux du Grand Nord. Ils le respectent et le craignent car, même avec les armes de maintenant, ils ne sont jamais sûrs de le vaincre. Jadis, pour pouvoir épouser la fille d'un grand chasseur et prouver son courage, un homme devait affronter *Nanouk* avec son seul poignard. Une fois l'ours approché, il l'étudiait rapidement pour savoir si sa patte la plus leste était bien la gauche comme d'habitude. Puis il entourait son avant bras d'une peau de phoque et s'agitait devant l'animal jusqu'à ce qu'il se dresse pour l'attaquer. Alors, d'un bond, l'intrépide venait se plaquer contre son poitrail, lui enfonçait dans la gueule son bras protégé et, tout en gênant sa patte gauche, le poignardait à coups répétés dans l'aine pour lui sectionner l'artère fémorale. Si l'attaque échouait, il restait bien peu de chances à l'homme d'échapper aux griffes de la bête ; la légende oubliait son nom pour ne glorifier que ceux qui réussissaient. De nos jours, plus personne ne déploie pareille bravoure, mais se mesurer à *Nanouk* demeure un défi que les Inuits sont toujours fiers de relever.

Quant aux chiens, il s'agit d'une affaire de sentiments : d'instinct ils haïssent l'ours blanc. Pour eux aussi, *Nanouk* est, de tout l'Arctique, le seul animal qui représente un danger. Lorsque la faim le tour-

mente, après une longue tempête, il sait venir en silence près de l'igloo d'un chasseur et tuer ses chiens endormis. Alors, quand ces derniers sentent sa piste, ils deviennent comme fous. Rien n'arrive à les retenir. Et là, devant ces marques franches, sans qu'Amaamak n'eut rien à dire, treize fauves partaient retrouver l'ours à la course.

Mais *Nanouk* n'est jamais facile à rejoindre. La banquise est son domaine et, dans ces amoncellements de glaces, lui seul parvient à se déplacer rapidement. Sa taille, sa force et ses puissantes griffes lui permettent d'escalader, de sauter, et de ne pas glisser là où les chiens doivent faire un détour. Alors, pour augmenter leurs chances, Amaamak en détacha quelques-uns parmi les plus rapides et les plus agiles : Youka, Kalik, Itak, Ottoq... qui, en plus, connaissaient bien les ours et sauraient retenir celui-là le temps qu'arrive le traîneau.

La glace faisait partout opposition. Des blocs de toutes grosseurs avec parfois, à leur base, un trou d'eau à peine repérable. Les chiens surexcités bondissaient, patinaient, tombaient, se relevaient en grognant, reprenaient la poursuite, guidés par l'odeur de l'ours bien plus que par sa trace, réduite parfois à quelques griffures sur la surface bleutée. Le traîneau s'accommodait mal de cette piste insensée. Sur les passages dégagés les chiens l'oubliaient, ils couraient le plus vite possible et les patins crissaient, craquaient jusqu'au choc qui les immobilisait contre un obstacle trop important. Alors Amaamak devait soulever, faire pivoter, déplacer les lourds madriers ferrés avant de reprendre la folle chevauchée. Il se cramponnait de son mieux aux traverses, mais cela ne lui évitait pas d'être quelquefois renversé, avec pour conséquence de devoir s'élancer derrière le traîneau, en espérant le rattraper à l'arrêt suivant.

Totalement sourds à ses cris, les chiens, dans leur grande impatience, compliquaient les manœuvres. Pourtant l'Inuit ne leur en voulait pas, lui-même atteint de cette fièvre de l'ours qui embrouillait les gestes et décuplait leurs forces à tous.

Enfin, Amaamak aperçut bientôt les chiens détachés pour la poursuite. Ils s'étaient dirigés vers la terre et s'agitaient autour de l'ours bloqué au pied de gros rochers. Ses grognements parvenaient à travers la clameur, exaspérant la meute de moins en moins tolérante pour ce traîneau qui l'entravait sans cesse. Le plus grand désordre régnait à présent. Amaamak ne réussissait plus à faire tirer ses bêtes dans le même sens. Impossible dans ces conditions de hisser le *kamotiq* par-dessus la dernière barrière de blocs avant la terre ferme. C'était du chacun pour soi, afin d'aller en découdre avec cet ours retenu là, à quelque deux cents mètres. L'Inuit n'étant pas le moins pressé, il prit sa carabine et continua seul, laissant ses chiens fous de rage en arrière. D'ailleurs, à peine avait-il fait la moitié du chemin qu'il en voyait deux le dépasser en trombe avec, pendant du harnais, un morceau de trait coupé avec les dents. Le chasseur se hâtait. Malgré ses bottes de peau il glissait, trébuchait, ne pouvant courir que de brefs moments sur ce parcours difficile. Il craignait pour

ses chiens qui gardaient l'ours aux abois. *Nanouk* paraît toujours balourd, mais il est agile et terriblement fort. Là-bas, devant les rochers, il chargeait inlassablement ses assaillants, se retournant brusquement pour frapper ceux qui tentaient de lui mordre les jarrets, et Amaamak savait qu'il se fatiguerait moins vite que ses chiens. Le temps pressait. Une dernière escalade et il sortit enfin de la banquise, suant, soufflant, poussant le petit nuage blanc de son haleine. Sur le plat il reprit la course, tout en armant sa carabine.

C'est quand il épaula que le drame se produisit. Les six chiens, qui depuis longtemps déjà retenaient l'ours, montraient toujours autant d'agressivité, mais leurs réflexes s'émoussaient, si bien que l'un d'eux ne put éviter la charge du plantigrade après une virevolte éclair. Sans aucune parade possible, Ottoq se retrouva subitement face à *Nanouk* qui, d'un formidable coup de patte, le tua net. Hélas, les choses ne devaient pas en rester là : Youka, tout à côté d'Ottoq, le reçut de plein fouet, en fut déséquilibrée et, avant de pouvoir se relever, subit l'attaque de l'ours qui, de ses puissantes mâchoires, lui cassa le cou dans la seconde. Amaamak avait déjà tiré, mais c'était trop tard pour Youka. *Nanouk* touché à l'épaule se dressa sur ses pattes de derrière, et une autre balle l'atteignit en pleine poitrine. Une troisième le fit s'écrouler sans réaction. Le chasseur s'approcha, prêt à faire feu à nouveau, au cas où l'incroyable résistance de *Nanouk* lui laisserait encore quelques moyens. Du bout de son canon il lui toucha la tête, mais l'ours était bien mort.

Alors Amaamak se pencha sur sa chienne. La pauvre Youka avait le cou broyé. Elle qui était si rusée pour se garder des ours... qui en avait peut-être mis vingt aux abois, en sachant toujours éviter leurs griffes ou leurs crocs... et puis aujourd'hui... Amaamak passa une dernière fois la main dans la fourrure de Youka, en souvenir des innombrables courses qui les réunirent, en la remerciant d'avoir tant fait pour les mener à bien. Puis il prononça le fatidique *Ayornarman,* ultime hommage à sa vaillante et fidèle chienne de tête. Ensuite il se releva, caressa Ottoq, lui aussi dévoué et courageux, qui gisait maintenant tout désarticulé.

— *Ayornarman*, répéta l'ami reconnaissant.

Et il se retourna vers l'ours. Il ne lui en voulait pas d'avoir tué deux de ses chiens. C'était la loi du Nord. L'Inuit eut une pensée admirative pour ce valeureux combattant, et se prépara à le dépouiller avant que le gel l'en empêche. Les chiens maintenant assagis reniflaient bruyamment tout autour, tandis que leurs compagnons retenus par le traîneau lançaient des hurlements plaintifs que l'air serein propageait à travers le champ de glace.

Après avoir mis l'énorme bête sur le dos, Amaamak commença par fendre la peau de la queue jusqu'au cou en prenant soin de ne pas entamer les chairs. Puis, tirant d'une main sur la fourrure, de l'autre il glissait sa lame effilée pour la détacher à grands coups précis. Le froid happait instantanément la buée qu'exhalait cette masse tiède. Amaamak travaillait avec dextérité. L'acier qui prolongeait sa main s'insérait sous la peau sans jamais l'entailler. Ensuite il dégagea les pattes et la tête, et bientôt étala sur la neige l'impressionnante fourrure de *Nanouk*, aux longs poils rêches, un peu jaunes. Il la roula soigneusement. Plus tard, au village, sa femme Mitiyouk la gratterait de son couteau en demi-lune, afin d'enlever toute trace de chair ou de graisse. Maintenant que le corps nu de la bête apparaissait, les chiens augmentaient leur pression. Ils attendaient les entrailles. L'Inuit savait que, lorsqu'il ouvrirait la carcasse, ils deviendraient impossibles à contenir. Il fallait pourtant leur soustraire le foie, si riche en vitamines qu'il en devient nocif. Alors, au moment décisif, il les repoussa le plus loin possible puis, d'un rapide coup de couteau, trancha la peau du ventre en plongeant dans le même mou-

vement vers le foie qu'il saisit à pleines mains. Déjà les chiens s'arrachaient boyaux et viscères. Amaamak en profita pour vite creuser un trou dans la neige et y jeter son paquet flasque, qu'il recouvrit en tassant bien du pied. Plus que jamais, le froid limitait le temps du dépeçage. Le couteau tranchait avec précision, trouvait sans hésitation les jointures, les muscles, les nerfs, détachait proprement les membres, découpait les quartiers. L'Inuit, soumis toute sa vie à la dure nécessité de la mort, possède en lui l'art de la chasse, mais tout autant le respect du gibier vaincu, qu'un équarrissage soigné souligne comme un dernier éloge.

Tuer un ours blanc est toujours un événement chez les Septentrionaux, pourtant, aucun n'en tire jamais vanité, par déférence pour *Nanouk* et par crainte des innombrables tabous qui entourent sa défaite. Cet animal a trop appris aux hommes du Dos de la Terre pour qu'ils se sentent quelque supériorité sur lui. Il demeure le maître incontesté de ce pays de glace que son intelligence lui a permis d'apprivoiser. Tous savent ce qu'ils lui doivent et ne l'admirent pas seulement pour sa ruse et sa force : aucun geste pouvant procurer à manger ne lui est inconnu. Qu'il s'agisse de pêcher l'omble qui remonte les rivières au moment du frai, ou bien d'attraper *Siksik*, l'écureuil de terre caché dans son terrier. Sans oublier, bien sûr, la chasse au phoque. Mais surtout, ce qui plaît le plus aux Inuits, c'est que *Nanouk* aime ses petits autant qu'eux leurs enfants. Il les porte sur son dos quand ils sont fatigués, il passe de longs moments à leur apprendre à chasser, et la femelle pleure si on l'en sépare.

C'est tout cela qui imprégnait chaque geste d'Amaamak d'une grande considération pour ce merveilleux et redoutable animal. Noulouk allait maintenant remplacer Youka, et le chasseur voulait voir dans cette promotion anticipée le signe d'une carrière exceptionnelle, ainsi brutalement provoquée par le roi du Grand Nord.

Après avoir disposé côte à côte les quartiers de viande, il partit avec ses chiens rechercher le reste de la meute et le traîneau sur la banquise. Leur arrivée fut saluée par un concert de cris, où les reproches dominaient largement le plaisir des retrouvailles. L'incroyable désordre qui mélangeait les traits traduisait mieux encore les efforts de chacun pour venir participer à la capture de *Nanouk*. Tous avaient tant sauté et tourné que certains ne possédaient pas plus de liberté que dans un attelage indien. Pourtant, Amaamak ne s'essaya pas de suite à démêler cet écheveau, car il savait que tout chien détaché filerait aussitôt vers les morceaux d'ours. Il attela plutôt les quatre revenus avec lui et dégagea le traîneau. Le raccourcissement des lanières ne facilitait pas les mouvements, mais les chiens, trop longtemps immobilisés, déployaient une telle énergie qu'ils atteignirent quand même rapidement l'endroit de la chasse. Et même là, Amaamak savait qu'ils ne lui laisseraient pas de répit, aussi découpa-t-il une part pour chacun, avant d'installer son réchaud et de mettre de la neige à fondre. Puis il s'occupa de défaire les nœuds. De nombreuses fois, il dut laisser l'ouvrage pour dégourdir ses mains à la vapeur s'échappant de la casserole remplie de viande et de graisse. Comme tous les chasseurs arctiques, il connaissait la nécessité de faire longuement bouillir la viande d'ours, à cause des parasites qu'elle renferme. Aussi le moment de manger n'arriva guère avant que les traits soient à nouveau lisses et indépendants les uns des autres. Alors Amaamak entreprit son festin. De la pointe du couteau il piqua un premier morceau, le prit entre ses dents et le sectionna d'un rapide coup de lame au ras des lèvres, avant de l'avaler pratiquement sans aucune mastication. Un imperceptible sourire traduisait son bien-être. Chez les Inuits, au passé endeuillé par de terribles famines, l'acte vital de manger à sa faim reste porteur d'un sens profond où le chasseur mesure, au-delà de sa victoire sur l'animal, l'extraordinaire dimension de son indépendance.

« Parcourir la toundra au trot de ses chiens, guetter la montée d'un phoque à son *aglou*, poursuivre un ours à travers la banquise, rapporter de quoi nourrir sa famille, voilà le vrai bonheur d'un Inuit », se disait toujours Amaamak en pareille circonstance. Il faisait alterner la viande et le gras avec des gorgées de bouillon brûlant puisé avec sa tasse. Près de lui, ses chiens maintenant très calmes attendaient. Quelques-uns le fixaient, dans l'espoir d'une autre distribution. Noulouk se léchait encore les babines, les pattes, et même la neige, pour perpétuer le goût de cette viande qu'il venait de manger pour la première fois et qu'il préférait à toute autre. Il levait haut la tête, aspirant à plein nez la délicieuse odeur qui s'échappait de la casserole d'Amaamak mais, comme ses compagnons, il savait que lorsque la meute était ainsi rassemblée, le maître ne donnait jamais le moindre morceau de sa part afin d'éviter jalousies et bagarres. D'ailleurs, il ne laissait pas de restes. Cette fois encore, il vida sa casserole jusqu'à la dernière goutte. Ensuite il s'occupa du chargement. L'ours était d'assez belle taille et les quartiers, bien que disposés de la meilleure façon, représentaient un volume de viande impressionnant, surmontés de la peau roulée et déjà raidie par le gel. Amaamak fixa solidement le tout à l'aide de courroies entrecroisées.

Au moment de partir, il ressentit une grande tristesse en ne voyant pas à l'avant de sa meute la bonne tête de Youka attendant son ordre. D'un coup, des voyages lointains lui revinrent en mémoire, avec leur lot de joies, de souffrances et de dangers, tandis qu'un nouveau regard, de nouvelles oreilles attentives, une nouvelle face le questionnaient pour s'élancer à travers l'immensité blanche, immuable et indifférente. Alors, avec la même soudaineté, c'est une vaste espérance qui étreignit Amaamak.

— *Hé !* Noulouk ! *Hé ! hé !* lança-t-il en donnant des coups de pied à l'avant des patins.

Comme s'il l'avait toujours fait, sans hésiter, Noulouk entraîna ses compagnons. Amaamak aperçut quelque temps encore les deux points sombres que faisaient, là-bas sur la neige, les corps mutilés de Youka et d'Ottoq. Mais la piste, avec ses exigences, réclama bientôt sa plus grande attention. La surcharge lui interdisait la voie trop accidentée de la banquise, aussi s'enfonça-t-il dans les terres pour contourner les baies traversées à l'aller. A mesure qu'il s'éloignait de la côte, un paysage nouveau se devinait dans le jour blême où des successions de coteaux faisaient de loin comme des boursouflures dans la toundra étouffée sous la neige. Le vent toujours changeant n'en avait pas également tapé la surface, et tantôt les patins marquaient à peine, tantôt ils s'enfonçaient jusqu'aux montants. L'allure passait ainsi du trot à un pénible pas à pas dans lequel chaque chien, le dos courbé et la gueule fumante, s'épuisait avec cette neige qui se dérobait sous ses pattes. Dans les endroits les plus critiques, Amaamak marchait en avant, à la recherche d'un passage. Plus tard, cette tâche incomberait à Noulouk qui, encore novice, ne faisait qu'exécuter ses ordres.

Ils arrivèrent bientôt sur un plateau mieux recouvert. Maintenant assis à l'arrière, Amaamak guettait. Parfois il se mettait debout et, pareil à un marin sur son navire, scrutait l'étendue blanche qui n'en finissait pas de dérouler sa monotonie. Néanmoins, pour l'œil exercé de l'Inuit, rien en réalité n'était tout à fait pareil. Sa mémoire prodigieuse faisait de la moindre particularité un guide sûr, qui lui montrait la route. C'est ainsi que, sans raison apparente, il détourna Noulouk vers la gauche. Seules quelques taches de pierraille, beaucoup plus tard, semblèrent justifier cette décision. L'homme restait tendu, vigilant, et soudain un léger sourire éclaira son visage.

— *Uit !* Noulouk ! *Uit ! uit !* lança-t-il.

Immédiatement tous les chiens répondirent et, comme si depuis le départ ils connaissaient la destination, ensemble ils s'arrêtèrent quelques centaines de mètres plus loin, sans même que leur maître ait à le leur demander. Ils étaient devant une cache à viande. Bâtie depuis des siècles, elle rendait toujours le même service, bien que la chasse, elle, se soit terriblement modernisée. Amaamak déposa à l'intérieur une grande partie de son ours, puis refit la couverture de pierres le plus solidement possible, afin de retrouver entière plus tard cette précieuse viande que le froid conserverait intacte.

Avec un traîneau allégé, le travail des chiens devenait plus facile, néanmoins Amaamak choisit de continuer par l'intérieur des terres, bien que le chemin du village s'en trouvât pas mal rallongé. C'était un jour important pour Noulouk et, pour sa première course à la tête de l'attelage, il préférait lui offrir le paysage grandiose des chaînes de collines, des larges vallées, des lacs gelés ou des plaines sans fin, plutôt qu'un horizon constamment bouché par des blocs de glace. Ces vastes étendues stimulaient

Noulouk. Sans aucun chien devant lui, il imposait un rythme rapide, à la mesure de ses forces certes, mais aussi parce qu'il sentait la meute entière accrochée à ses talons, et cela l'impressionnait un peu. Avec l'habitude il n'en tiendrait plus compte et apprendrait à utiliser ses moyens en fonction de la piste et de la condition de ses compagnons.

Les onze chiens couraient ainsi depuis plusieurs heures sans relâche, lorsque les quelques maisons du village se détachèrent dans la blancheur. Et puis, au même instant, Amaamak aperçut un autre traîneau arrivant par la banquise. Peu après il reconnut Natumak. Tandis que jusqu'à présent il avait laissé Noulouk agir à sa guise, il lui cria brusquement d'aller plus vite, faisant même claquer le long fouet pour appuyer l'ordre. Malgré la fatigue les chiens s'exécutèrent. Amaamak voyait l'attelage de son ami filer vers l'étroit passage à l'entrée du village, alors il ne cessa d'aiguillonner Noulouk et la meute.

— *Uit ! uit ! uit !* Hé ! Noulouk ! Hé ! Talouk ! Hé ! Tiggak ! Hé ! Kalik ! *Uit ! uit !* répétait-il pour obtenir un effort exceptionnel.

Natumak se rapprochait très vite, car lui aussi demandait le maximum à ses bêtes. A quelques dizaines de mètres de l'étranglement, nul n'aurait pu dire encore lequel allait passer avant l'autre, mais Amaamak profita d'une légère dénivellation pour exiger un ultime coup de collier. Noulouk s'engagea le premier dans le passage. Avec si peu d'avance que le traîneau frôla le nez du gros Ayok à bout de souffle. Et c'est l'un derrière l'autre que les deux équipages défilèrent au milieu des maisons.

Assis sur sa caisse, l'air parfaitement calme et indifférent, Amaamak s'efforçait de contenir l'immense joie qui lui brûlait le cœur.

10

Dès lors, chaque sortie devint terriblement mouvementée. Certes, Noulouk s'acquittait bien du remplacement de Youka, mais il avait fallu qu'Amaamak cherche de nouvelles bêtes pour combler la perte infligée par l'ours. Un jeune Inuit lui avait cédé deux chiens d'une même portée, âgés d'à peine trois ans, solides et courageux, mais fort indisciplinés, au point qu'ils jetaient constamment le désordre dans la meute. Sans être vraiment batailleurs, ils s'arrangeaient pour provoquer des querelles que le chef Talouk maîtrisait de plus en plus difficilement. Le rendement sur la piste en était compromis, et l'ambiance générale se détériorait de jour en jour. Des clans se formaient, animés d'ambitions peu constructives qui incitaient Noulouk à la plus grande prudence. Trop fraîchement promu, il ne possédait pas encore assez son métier pour pouvoir s'imposer à tous. Il lui fallait déployer des trésors de ruse et d'imagination afin d'éviter les nombreux pièges que certains lui tendaient.

Ainsi, une fois, le forcèrent-ils à partir sans Amaamak. Cela se produisit en pleine toundra, assez loin du village, dans un endroit où leur maître posait quelquefois des pièges à renard. Depuis le départ, ce matin-là, régnait une excitation inhabituelle, inexplicable par l'inactivité, car une assez lon-

gue période de temps clément venait d'autoriser de nombreuses sorties. Amaamak avait arrêté l'attelage à quelque distance d'un petit promontoire et, tandis qu'il s'occupait d'y placer un appât, quatre ou cinq

chiens, vite appuyés par les autres, poussèrent Noulouk à prendre le large. Conscient de la faute, ce dernier n'opposa pourtant pas de résistance. Vouloir empêcher seul un mouvement si spontané déclencherait aussitôt une bagarre dont il ne sortirait pas vivant. Alors il céda. Il partit ventre à terre, malgré les cris d'Amaamak qui s'élança trop tard pour agripper le traîneau. La meute en folie ne laissait d'autre choix à Noulouk qui, néanmoins, s'arrangea pour posséder les mutins. Comme il pouvait, malgré tout, décider encore du chemin à suivre, il entreprit de mener ses compagnons survoltés sur un parcours circulaire de plusieurs kilomètres, puis de revenir au point de départ pour y retrouver son maître. Tout cela dans un train d'enfer afin de calmer les plus nerveux. Mais, de retour aux pièges, pas d'Amaamak.

Noulouk aurait pu s'arrêter là et attendre, maintenant que l'équipage assagi ne l'inquiétait plus, mais il pressentit que son maître devait courir sur leurs traces. Alors il entraîna pour un second tour ses douze compagnons avant qu'ils ne reprennent haleine.

Il avait vu juste. Au bout d'un moment ils rejoignirent Amaamak et s'arrêtèrent à sa hauteur. Mais l'Inuit ne prisa guère leur escapade. Malgré son heureux dénouement, il les rossa à tour de rôle, sans chercher à connaître les coupables. Noulouk reçut sa part comme les autres, bien que pour lui Amaamak frappât moins fort. Il se doutait que son jeune chien de tête n'était pas responsable. Il appréciait son initiative d'être venu le reprendre ; pourtant, devant la meute il devait le battre aussi pour éviter les jalousies. Noulouk ne lui en garda pas rancune, mais ce châtiment qu'il estimait immérité modifia dès ce jour son comportement envers les autres chiens. Et en particulier envers Talouk, le chef de meute. Alors que, jusque-là, peu lui importait qu'éclatent des batailles ne le concernant pas, à présent qu'il lui incombait d'ouvrir la piste, il ressentait comme essentiel que la discipline règne en arrière de lui. Il avait besoin pour bien faire son travail de la cohésion de l'attelage. Son instinct de loup lui soufflait que tous y gagneraient. Mais cela dépendait surtout de Talouk. Curieusement, lui qui s'acquittait si bien de sa tâche tant que Youka était là, laissait maintenant s'installer un indéniable relâchement.

Alors Noulouk réagit. Avant que la situation ne devienne incontrôlable, il entreprit une remise en ordre. Il commença par corriger un des deux nouveaux chiens qui ennuyait Kalik. Cela se passa si vite et si rudement que non seulement l'intéressé en fut surpris, mais les autres aussi, qui ne s'attendaient pas à pareille intervention. D'autant que Kalik était de taille à se défendre lui-même. Par deux ou trois fois, de la même façon, Noulouk régla brutalement des différends auxquels il était étranger, avec l'intention bien marquée de punir le provocateur. Une telle attitude eut un effet immédiat sur la meute. La crainte de Noulouk s'installa plus profondément chez une partie des chiens, le respect chez d'autres, tandis que la haine gagna les mieux placés dans la hiérarchie. Cela déclencha de féroces bagarres dont Noulouk sortit chaque fois vainqueur sans trop de difficultés. Il possédait maintenant sa pleine force, ainsi qu'une science du combat, qui lui permirent de s'imposer rapidement à tous. Sauf à Talouk.

Le robuste Talouk s'était toujours tenu à l'écart de ces empoignades. Certes, il y portait le plus grand intérêt et, si parfois ses babines retroussées découvraient sa terrible denture, il se gardait néanmoins d'intervenir. Parallèlement, il revenait à sa fermeté d'avant et ne ménageait plus les querelleurs et les paresseux. Une grande discipline régnait à nouveau dans la meute. Trop grande peut-être, car elle s'accompagnait d'une tension, d'un malaise empêchant toute réelle unité. A travers leur soumission, les chiens se voyaient plus ou moins divisés en deux camps, car ils devaient obéir à deux chefs : Talouk et Noulouk. C'était un de trop.

D'ordinaire, dans un attelage, le chien de tête bénéficie d'une situation particulière. Sa perspicacité lui vaut la considération du conducteur et le respect de ses compagnons. Rarement ses moyens physiques le portent très haut dans la hiérarchie, ce qui le place à l'écart de bien des rivalités. En revanche, la force prime pour devenir chef de meute, et c'est exceptionnel qu'un même animal puisse cumuler les deux fonctions. Noulouk en paraissait capable. A mesure que lui venait l'expérience de la piste, du fond de son

être quelque chose le poussait à devenir le chef suprême de l'attelage. Pas pour satisfaire une ambition démesurée, ni pour exercer une quelconque tyrannie, non, comme ça, naturellement, sans autre cause que ce tempérament actif hérité de ses ancêtres loups. Amaamak avait bien évidemment compris la situation et s'en inquiétait.

— Talouk est sans doute plus fort, mais Noulouk sait mieux se battre, dit-il un soir à Natumak. Tous les deux sont aussi déterminés, je risque de n'avoir plus bientôt ni chien de tête ni chef de meute.

— C'est sûr qu'on ne peut pas grand-chose quand les chiens ont une idée en tête...

— Je les surveille de mon mieux, mais, un jour ou l'autre, ils se battront, et jusqu'au bout...

— La solution serait que tu te sépares de l'un ou de l'autre, laissa tomber Natumak.

Amaamak marqua un temps pour être sûr que son ami ne plaisantait pas.

— Je ne me séparerai certainement pas de Noulouk, dit-il avec fermeté, ni de Talouk non plus, il me rend de gros services. Avec les chiens on n'est jamais

content, on râle quand ils sont paresseux, et on se plaint encore quand ils font trop bien.

Chaque sortie lui valait beaucoup d'appréhension. A peine deux chiens cherchaient-ils à se battre qu'Amaamak bondissait et les séparait, de crainte que n'intervienne, ou Talouk, ou Noulouk. Ainsi pensait-il supprimer les motifs de discorde entre ses deux chefs, observateurs paisibles de la scène, avec une égale assurance qui l'intriguait de plus en plus. Lui, qu'une longue expérience des chiens rendait expert dans l'art d'interpréter leurs expressions, s'étonnait de les voir aussi impassibles. Sans le souhaiter pour autant, il s'attendait bien davantage à rencontrer les signes de haine, inévitables chez deux chiens ennemis, ou ceux, plus discrets, de la rancœur tenace qui guette l'occasion de se manifester.

« Car enfin, se répétait-il, il est impossible que Talouk n'en veuille pas à Noulouk d'avoir fait la police à sa place, comme il semble impensable que Noulouk s'en tienne là, après avoir établi son autorité sur le reste de la meute ».

Pourtant, rien apparemment n'altérait l'étrange accord unissant les deux bêtes, ce qui fit dire à l'Inuit qu'il existait encore un point de la mentalité canine qui lui demeurait inconnu.

Et les sorties se succédaient. Parfois pour aller récupérer de la viande dans quelque cache, le plus souvent pour se rendre à la chasse au phoque. Le dur chemin de la banquise donnait aux chiens toutes les occasions de déployer leur vigueur et leur courage. Plusieurs chutes dans l'eau apprirent à Noulouk à différencier la glace solide de la mince épaisseur tout juste formée. Sur terre comme sur mer, il « sentait » la neige du bout des pattes, et s'efforçait d'éviter ses traîtrises comme ses difficultés, ne ménageant aucun effort pour que l'attelage voyage dans les meilleures conditions possibles. Au fil des courses, il devenait le grand chien de tête dont rêvait Amaamak, de plus en plus perplexe devant la position ambiguë qu'il partageait avec Talouk. Il ne se passait guère de jour sans que l'Inuit en parle à Natumak qui, afin de mieux se rendre compte, laissait à l'occasion son traîneau pour venir sur celui de son ami.

C'est ainsi qu'un matin ils partirent ensemble relever un filet tendu sous la glace d'un lac. L'hiver était encore tenace et, tard dans la matinée, le jour ne semblait toujours pas vouloir se lever. Sous l'oppression des brumes, sa lumière conservait la fadeur des aurores, clarté timide qu'un soleil qui n'irait guère plus haut dans le ciel dispense avec parcimonie six mois par an sur le Dos de la Terre. Les chiens avançaient d'un bon pas à travers de petites collines plates qu'un perfide brouillard voulait faire croire plus éloignées. Natumak s'était installé à même le plateau du traîneau, sur une peau de caribou repliée, tandis qu'Amaamak, sur la caisse à l'arrière, encourageait ses chiens. C'est à peine s'il donnait des ordres à Noulouk qui, selon la neige, changeait souvent de route pour reprendre ensuite, à coup sûr, le cap initial. Rien pourtant n'accrochait l'œil dans ces paysages en tous points identiques, et si Amaamak savait parfaitement où il allait, on aurait pu croire que son chien de tête le savait aussi, à voir l'assurance avec laquelle il se dirigeait. En silence Natumak appréciait son travail, comme la bonne tenue de l'attelage tout entier où Talouk, d'un seul regard ou grognement, forçait parfois un compagnon à tirer plus fort sur son trait. La vallée qu'ils suivaient depuis un moment s'élargit bientôt et, peu après, Amaamak tendait le bras vers un point invisible.

— *Nuluak* ! dit-il. Le filet.

Aussitôt les chiens réagirent. Le ton de la voix leur disait que quelque chose allait rompre la monotonie de la course. La neige très tassée dans ce carrefour des vents résistait mieux sous les pattes, et c'est en courant qu'ils arrivèrent devant un piquet curieusement planté là. Rien n'indiquait qu'un lac s'étendait en dessous. Rien, à l'exception de ce piquet de bois, et de l'autre qui se dressait plus loin, retenant un filet sous la glace.

Les deux Inuits entreprirent de les dégager. Ils disposaient pour cela d'un pic à glace et d'une étroite épuisette à long manche faite de bois et de *babiche*[1]. Amaamak sortit du coffre une casserole cabossée puis, avec leurs couteaux à neige, les deux hommes mirent à nu un périmètre de surface lisse et claire, presque transparente, tout autour du piquet. Et ils s'attaquèrent à la glace. A coups de pic, Natumak détachait des éclats qu'Amaamak enlevait avec la casserole. L'acier projetait parfois jusqu'aux chiens ces morceaux tranchant pareils à du verre. L'animal touché avait alors un sursaut, et tous suivaient attentivement la trajectoire des éclats. Bientôt l'eau vint se mêler à la glace. Amaamak prit l'épuisette, sans que Natumak cesse de cogner car, sous ce magma, l'épaisse lame rencontrait toujours un plancher gelé. Il ne céda qu'une bonne quarantaine de centimètres plus bas. Les deux hommes agrandirent un peu le trou et le nettoyèrent des glaçons qui l'encombraient.

— Pareil pour l'autre maintenant, dit Amaamak en sortant le piquet d'où partaient deux gros fils de nylon.

De la même façon, une trentaine de mètres plus loin, ils libérèrent le second pieu. En le retirant de

1. *Babiche*, mot indien : fine lanière de peau étirée.

l'eau, Natumak découvrit une extrémité du filet qu'il détacha pour le nouer aussitôt à une longue corde dont il ancra l'autre bout dans la neige. Et ils revinrent au premier trou. Amaamak défonça la glace qui déjà se reformait, puis commença à hisser le filet. De gros poissons fumants et rougeâtres, des ombles arctiques, apparaissaient, que les Inuits décrochaient rapidement, car avec le froid les mailles devenaient vite cassantes comme du cristal. L'un comme l'autre prenaient grand soin de déposer chaque poisson en cercle, la tête orientée vers le trou. Ancienne coutume pour favoriser la pêche. Quelques-uns étaient déjà morts, les autres battaient de la queue un instant puis, vaincus par l'air glacial, s'immobilisaient. Bientôt, trente, quarante ombles gisaient sur la neige et se raidissaient lentement. Lorsque tout le filet fut relevé, avec précaution les Inuits le remirent à l'eau, l'un le glissant dans le trou, l'autre tirant là-bas sur la corde qui lui redonnerait sa position. En place pour une nouvelle pêche, il fournirait une réserve de nourriture, récupérée dans quelque temps, selon les besoins ou les aléas d'un voyage.

C'est au moment où Natumak et Amaamak étaient occupés, l'un à enrouler la corde, l'autre à combler les trous de neige et de glace pour bloquer les piquets, qu'éclata une bataille entre les chiens. Un des nouveaux, avec beaucoup d'audace, s'était avancé jusqu'au bout de son trait pour s'emparer d'un poisson que la meute entière lui disputait à présent.

D'un même élan les Inuits se précipitèrent pour les séparer, mais leurs efforts restaient pratiquement sans effet. Ils ne ménageaient pourtant ni coups de pied ni coups de poing, tirant les chiens par la peau du cou, par la queue, réussissant parfois à en arracher un à la mêlée, qui se dépêchait d'y replonger à la première occasion. Le poisson volait de gueule en gueule, tout déchiré, en lambeaux que chaque animal voulait pour lui seul, fût-ce au prix des pires morsures. Le sang coulait aux babines de certains, marquait d'autres sur les flancs, les oreilles ou les pattes. Des cris de douleur, des grognements de rage, des rugissements déformaient les faces tout en crocs, plus significatives encore de l'âpreté du combat.

Natumak et Amaamak n'arrivaient à rien. Emportés dans ce tourbillon sauvage, ils cognaient au hasard, sans pouvoir imposer leur autorité. Sans même se rendre vraiment compte de ce qui se passait ; à présent qu'il ne restait plus rien du poisson, la bataille prenait une autre tournure. Elle apparaissait comme un vaste règlement de comptes. Mais elle s'apaisait aussi. Les deux hommes ne s'en aperçurent qu'en voyant un chien, puis un autre, et un autre encore se mettre à l'écart en faisant le dos rond. C'est alors qu'ils remarquèrent les responsables de cette retraite : Noulouk et Talouk. De concert, les deux chefs corrigeaient chaque membre de la meute ; de concert, mais de façon fort différente : tandis que Talouk mordait là où il pouvait l'animal qui se retirait en hurlant, Noulouk, de sa manière bien à lui, le jetait vivement sur le dos et le saisissait à la gorge. Il serrait juste le temps que l'autre cesse de bouger, puis il le relâchait. Le fauteur de trouble s'en allait alors la queue entre les pattes, toussant et crachant, à la recherche de son souffle.

Amaamak et Natumak s'étaient arrêtés de frapper et regardaient, surpris de l'autorité magistrale avec laquelle les deux chefs ramenaient l'ordre. En peu de temps, l'attelage ne fut plus qu'une bande de chiens bien tranquilles, calmement occupés à lécher leurs plaies et à remettre leur fourrure en état. Ne restaient debout que Noulouk et Talouk, superbes et imposants, sans trace de blessure, mais portant, sur le nez et les pattes, quelques marques du sang des autres.

— Tu crois qu'ils vont se battre, souffla Amaamak, très inquiet.

— Je ne sais pas.

A quelques pas l'une de l'autre, les deux bêtes s'observaient. Chacune gardait haut la queue, en signe de domination. Le regard fauve de Noulouk croisait celui, très sombre, de Talouk. Les narines frémissaient, les nez se fronçaient. Les babines se retroussaient un peu sur les crocs. Tendus, prêts, les chiens se défiaient. Ils restèrent de longues secondes ainsi, immobiles, puis, d'un même mouvement, abandonnèrent la position pour rejoindre chacun leur place parmi les autres. Les Inuits n'en croyaient pas leurs yeux.

— Ça alors ! s'exclama Natumak, je n'y comprends rien.

— Tu vois, dit Amaamak, soulagé, il se passe des choses bizarres dans mon attelage. Jamais je n'ai vu ça depuis que je conduis un traîneau.

— Là, c'est net, ils se considèrent comme chefs tous les deux... Ça paraît incroyable, pourtant on vient d'en avoir la preuve...

— Et tu penses que ça peut durer longtemps ? hasarda Amaamak.

— Comment le dire ? Noulouk est plus jeune, il ne se sent peut-être pas de taille encore devant un colosse comme Talouk...

— Alors, Talouk devrait en profiter, après, ça sera trop tard pour lui !

— Oui, c'est vrai, admit Natumak, mais il sait aussi que Noulouk est plus rapide... qu'il réagit comme un loup, ça l'impressionne peut-être... Va deviner ce qui se passe sous le crâne d'un chien, laissa-t-il tomber.

Après avoir roulé les poissons dans une toile, les Inuits attaquèrent le lacis compliqué que les chiens avaient si bien tissé dans leur furie. Le froid ajoutait encore à leurs difficultés, aussi s'interrompaient-ils régulièrement pour vider une ou deux tasses du thé brûlant qui accompagne toujours ce genre de corvée. Puis ils repartirent vers le village. La clarté du jour diminuait déjà. Au-delà d'une faible étendue, la neige rejoignait les nuages pour adoucir les contours d'un relief par ailleurs peu marqué. Amaamak pressait ses chiens qui tiraient à pleins harnais, sans se ressentir de la dernière échauffourée. La neige, tantôt dure comme pierre, tantôt fine comme du sucre, à l'abri des hauteurs, obligeait Noulouk à de constants calculs pour maintenir la cadence. Par endroits, dans les plaines, la surface boursouflée laissait percer un maigre arbrisseau, une touffe de tiges sèches. Chétive végétation de la toundra en hiver.

De retour à Igloolik, les deux amis parlèrent de ce curieux comportement des chiens à de vieux chasseurs comme Kudlalak et Aullalouk, mais ni l'un ni l'autre n'avaient rencontré d'attelage où deux bêtes se partageaient le rôle de chef. Cela devint une énigme pour tout le village, sans que personne puisse apporter une réelle explication. Certains disaient avoir connu des chiens très forts qui préféraient s'associer plutôt que de se battre, mais ces chiens-là n'occupaient pas le sommet de la hiérarchie. D'autres avançaient que le chef de meute hésite parfois à s'en prendre au chien de tête qui bénéficie toujours de la préférence du maître, mais ces chiens de tête là ne se mêlent pas de faire régner l'ordre dans l'attelage. Le *chaman*[1], lui, pensait qu'il fallait y voir une manifestation de l'esprit du loup, de très bon augure, et qui promettait bien d'autres surprises. Plus prosaïque, un très vieil homme usé par les voyages en traîneau affirmait qu'un loup est beaucoup plus intelligent qu'un chien et que Nou-louk, qui tenait tant du loup, ne supporterait pas longtemps de partager ainsi le commandement.

— D'autant plus, ajouta-t-il, que chez les loups la hiérarchie est vitale, et qu'il ne doit y avoir qu'un seul chef.

1. *Chaman :* sorcier. Il en existe encore dans chaque village inuit.

11

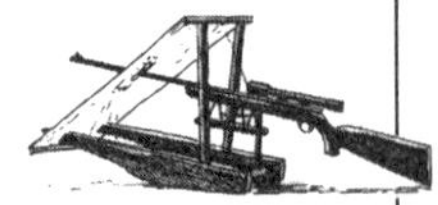

Cela dura pourtant jusqu'au printemps. Noulouk et Talouk imposaient la discipline à l'attelage, contenaient les agressifs, punissaient les paresseux, sans que l'un ou l'autre cherche à s'arroger la suprématie. Amaamak se prenait à penser que, peut-être, il en serait toujours ainsi, jusqu'à ce jour où les aléas de la vie nordique en décidèrent autrement.

Le drame se joua lors d'une chasse au phoque. L'hiver avait perdu beaucoup de force, et la banquise qui ne retenait plus l'eau libre aussi loin des côtes commençait à se fendre sur de grandes longueurs, faisant comme des ruisseaux découpés dans la glace. La façon de chasser devient différente dans ces cas-là : plus question de guetter l'animal à son trou de respiration. Les phoques sortent de l'eau pour se prélasser au bord de ces ouvertures, profitant du soleil déjà chaud qui déverse une lumière aveuglante. Mais, s'ils paraissent souvent endormis, ils n'en demeurent pas moins d'une extrême vigilance, prêts à plonger à la moindre alerte. C'est surtout de l'ours blanc qu'ils se méfient. Le gros *Nanouk* sait les approcher en rampant avec une infinie patience et beaucoup de ruse aussi, pour masquer d'une patte son nez noir, la seule partie repérable dans son pelage si semblable à la neige. En prenant soin de se placer du bon côté du vent, il peut ainsi espérer, après des heures, arriver assez près d'un phoque pour bondir dessus avant qu'il ne glisse à la mer. D'autres fois, quand les circonstances s'y prêtent, l'ours nage en silence le long de la glace, jusqu'à hauteur du phoque. Il ne lui reste alors qu'à l'effrayer d'un grognement, et l'animal désemparé, en cherchant refuge dans l'eau, se jette dans la gueule de *Nanouk* juste en dessous.

Sur la banquise unie, les Inuits ont toujours su mettre en pratique l'enseignement de *Nanouk* pour la chasse à l'*aglou*, mais là, à découvert, il leur a fallu inventer une méthode d'approche. Lorsqu'ils ne possédaient que des harpons, ils devaient parvenir très près de l'animal et, plutôt que d'imiter l'ours, c'est du phoque lui-même qu'ils se sont inspirés. En se transformant en phoques. Vêtus de peaux de phoque des pieds à la tête, ils renforçaient l'illusion en imitant le pinnipède dans ses moindres mouvements. De très loin ils se mettaient à ramper dans sa direction puis, à mesure qu'ils se rapprochaient, ils le surveillaient attentivement. Sur la glace, un phoque ne dort jamais vraiment. Toujours sur le qui-vive, il inspecte régulièrement les environs. C'est à ce moment que le chasseur devait le tranquilliser en exécutant les mêmes gestes que lui : se rouler sur le côté, garder les pieds collés et les remuer ensemble, dresser la tête, plaquer ses bras au corps en bougeant les mains comme des nageoires. Et puis, dès que l'animal semblait fermer l'œil à nouveau, progresser le plus vite possible avant de reprendre les contorsions rassurantes, quelques dizaines de secondes plus tard. Les chances d'arriver à portée de harpon restaient toujours très minces, car bien souvent, de ses grands yeux tristes, le phoque remarquait quelque anomalie et regagnait aussitôt son trou d'eau.

A présent, avec sa carabine, Amaamak n'était plus astreint à pareil stratagème, bien que la méfiance de *Nassik* l'obligeât aux mêmes précautions pour atteindre la limite de tir. Alors, c'est à nouveau de l'ours qu'il s'inspirait, en dissimulant son approche derrière un écran de tissu blanc monté sur deux petits patins supportant aussi la carabine. Un simple trou au niveau du canon permet de surveiller le phoque, tout en mettant son immobilité à profit pour pousser en silence l'écran protecteur. La méthode paraît plus facile, pourtant, les jours où le soleil ne chauffe pas assez pour décider un seul phoque à monter sur la glace, il faut encore trouver un autre moyen.

Aujourd'hui, Amaamak l'avait choisi avant même de quitter le village. De derrière sa fenêtre,

l'observation des fumées, poussées par un vent léger venu des terres, lui avait dicté la technique à employer. C'est ainsi qu'un petit bateau à fond plat fut attaché sur le traîneau, accessoire indispensable à la récupération du gibier dans les trop grandes étendues d'eau libre. Après une course de quelques heures, il avait laissé chiens et traîneau pour continuer seul, fusil en bandoulière et pic à glace à la main, en tirant derrière lui son embarcation. Puis il l'avait abandonnée et s'était prudemment avancé jusqu'au trait noir d'une crevasse ouverte sur les profondeurs de la mer. A présent, il se tenait prêt. Agenouillé sur le bord, l'arme dans la main droite, de l'autre il grattait la glace avec le pic, à petits coups régulièrement espacés. Le crissement qui agaçait l'oreille en surface se répercutait loin dans l'eau, et si un phoque croisait dans les parages, il ne manquerait pas de faire surface pour venir identifier le bruit. Amaamak aurait alors une demi-seconde pour lui placer une balle dans le crâne avant qu'il ne replonge. S'il le manquait il ne le reverrait plus. S'il le blessait non plus. Il devait absolument le tuer du premier coup. Alors, il lancerait prestement la ligne de récupération avant qu'il ne coule. Faite d'un long fil très solide au bout duquel sont attachés une pierre pour l'entraîner et des tridents pour s'accrocher à l'animal, elle permet de le ramener au bord. Cette chasse d'attente exploite le principal défaut de *Nassik*, la curiosité qui quelquefois l'emporte sur sa méfiance. Mais il faut croire que ce jour-là les phoques se tenaient loin des failles : dans aucune des trois près desquelles Amaamak joua du pic à glace n'apparut de tête lisse aux longues moustaches surmontées de grands yeux étonnés. Il décida donc d'aller tout au bout de la banquise, à la limite de la mer libre.

Laissant là-bas son traîneau et ses chiens, il progressa sur la pleine glace, tirant toujours son petit bateau qui grinçait sur les aspérités. Bientôt ne s'étendit plus devant lui qu'une eau couleur de plomb, à l'image du ciel qui rapidement l'absorbait au-delà d'un rideau de brumes. En pareil endroit, les vagues clapotaient tout l'hiver contre une glace fragile et dentelée, aussi Amaamak n'alla pas tout à fait jusqu'au bord. Avec son pic, il testait constamment la solidité du plancher glacé dont une mince couche de neige masquait les traîtrises. Puis il choisit un emplacement, et recommença à tenter la curiosité des phoques. Mais là, au lieu de s'agenouiller pour se faire discret, il demeura debout et se balança d'un

pied sur l'autre, en poussant la pointe du pic qui raclait la glace en cadence. Il en maintenait le manche sous son bras gauche, tout en tenant sa carabine à deux mains. Contrairement à ce qui se passe dans les failles, ici, en eau libre, le phoque peut faire surface très loin. L'atteindre exige de viser dans les meilleures conditions. Les chances de le tuer restent minces, et plus encore celles de le récupérer. Même en utilisant le bateau, car, au printemps, les phoques n'ont pas tous assez de graisse pour se maintenir à flot. Les plus gros laissent parfois juste le temps de les rejoindre, de les agripper et de les remorquer jusqu'à la banquise. Et les problèmes ne s'arrêtent encore pas là : la bordure friable offre si peu de facilité pour se hisser qu'il faut souvent repérer une faille et s'y engager à la recherche d'un appui plus résistant.

Mais, ce jour-là, les phoques épargnèrent ces difficultés à Amaamak, car ils refusèrent de se montrer. Pas un seul ne sortit la tête pour savoir qui grattait la glace avec tellement d'insistance. Comme ses ancêtres, le chasseur savait que son succès dépendait surtout du bon vouloir du gibier. C'est pour cela qu'il respectait toujours des tabous, accomplissait certaines propitiations afin de se concilier les animaux. Là, face à autant d'indifférence, il se demandait quel mauvais geste il avait bien pu faire qui eût déplu à l'esprit des phoques. Il modifia sa technique, passant des grattements secs aux raclements plus lents, il changea maintes fois d'endroit. Sans succès. Pourtant il s'acharnait, malgré la lumière qui baissait et lui rendait difficile l'observation de la mer. La tombée du jour s'accentuait sous l'afflux de nuages qui tranquillement l'étouffaient — des nuages venus de la terre, poussés par un vent qui, jusque-là, n'avait pas inquiété Amaamak. Pas jusqu'à ce que la banquise se mette à bouger.

Pour ordinaire qu'elle soit, l'impression demeure toujours désagréable. Surtout quand on se trouve loin de la terre ferme. Amaamak abandonna donc aussitôt la chasse et se mit en route vers son traîneau. Les glaces geignaient en s'animant d'un mouvement ondulatoire très lent encore, mais déjà porteur d'une puissance terrifiante. Sur la surface chaotique, l'Inuit marchait le plus vite possible, courait un peu parfois, gêné par son bateau qu'il ne voulait pas abandonner. Il avait sa carabine à l'épaule, et son pic à glace lui servait d'appui pour franchir les passages trop glissants, ou sonder les endroits incertains. Il s'était beaucoup éloigné de ses chiens depuis qu'il les avait quittés, et son trajet de l'aller ne demeurait pas toujours praticable. De nouvelles failles s'étaient ouvertes, les anciennes avaient doublé de largeur, exigeant de plus grands sauts pour les franchir, ou bien des détours, avec toutes les difficultés et les efforts supplémentaires que cela imposait. Amaamak s'en voulait de s'être fait surprendre. Lui qui, en bon chasseur, savait si bien lire le ciel regrettait de n'avoir pas suivi son impression première lui disant de repartir après avoir guetté au bord des failles, au lieu d'aller jusqu'à la mer libre. Le mauvais vent s'annonçait déjà à ce moment-là, mais sa discrétion pouvait laisser croire qu'il venait de loin et prenait son temps. « Eh bien, non ! pensa Amaamak. Au contraire, il se ramassait derrière les collines pour mieux ressortir en courant. »

— Il sait si bien cacher ses pires desseins ! dit-il entre ses dents, à la fois pour se disculper et se donner du courage.

La banquise s'animait de plus en plus et il se souciait de ses chiens. Eux aussi redoutaient les glaces mobiles. Laissés à leur sort, ils pouvaient céder à la panique et s'enfuir n'importe où. Heureusement, le traîneau renversé ne leur permettrait pas d'aller bien loin. Le danger était qu'ils rencontrent une faille, tentent de la franchir et tombent à la mer. Gênés par leurs traits, ils parviendraient difficilement à s'en sortir seuls, et une immersion de plus de cinq minutes dans l'eau glacée les tuerait. Amaamak se rassura un peu en pensant qu'ils étaient quand même assez près de la côte, où l'effet n'avait pas la même intensité.

Mais le vent grossissait vite, accentuant la danse de la banquise qui se disloquait dans de sourds craquements. Amaamak enjambait régulièrement de nouvelles fissures et contournait des trous d'eau de plus en plus larges. Pas assez cependant pour justifier l'utilisation du petit bateau, difficile à hisser ensuite sur la glace haute souvent de plus d'un mètre. Un sens instinctif de l'orientation le gardait dans la bonne direction où ses repères de l'aller se détruisaient à mesure. Pourtant, sur une partie enneigée, il retrouva ses pas avec, les chevauchant, des traces d'ours. *Nanouk* lui aussi recherchait les phoques et l'Inuit espéra vivement ne pas le rencontrer. Sa carabine de petit calibre, parfaite pour chasser *Nassik* sans abîmer sa peau, ne pouvait pas grand-chose contre un ours blanc. Malgré sa hâte, Amaamak examina mieux les empreintes afin de connaître, et la grosseur, et la direction prise par la bête. Et puis, un peu plus loin, il remarqua aussi la piste d'un renard aventuré loin de ses collines dans l'espoir de se repaître d'entrailles de phoque laissées par l'ours qui, lui, ne mange que la graisse.

Enfin, au bout de son cheminement sinueux, Amaamak finit par apercevoir ses chiens, là-bas, qui, l'ayant vu venir eux aussi, cherchaient à libérer le traîneau pour le rejoindre. Malgré leurs efforts il n'y parvenaient pas, et, lorsque l'Inuit arriva près d'eux, sa présence les calma à peine. Cette banquise qui bougeait sous leurs pattes les rendait anxieux et excités comme un renard pris au piège.

Amaamak dégagea le *kamotiq* et le remit sur ses patins. Rapidement il installa dessus son bateau, en le fixant à chaque extrémité avec une lanière retenue par une seule boucle, facile à défaire d'une simple secousse sur le brin mou. Les traits d'attelage comportaient passablement de nœuds, mais cela attendrait. Il fallait regagner au plus vite la terre ferme. La tempête augmentait de violence et le ciel, à force de gros nuages noirs, réduisait de plus en plus l'horizon. Les chiens obéissaient mal. La peur les rendait sourds aux cris d'Amaamak. Noulouk n'exécutait ses ordres qu'à la deuxième ou troisième fois. Une seule idée les préoccupait tous : foncer afin de gagner un sol immobile. Mais, où qu'ils se dirigent, la glace à présent ondulait, gémissait et craquait de sinistre façon. Là aussi, elle se crevassait de failles que, pour le moment, les chiens enjambaient sans peine. Amaamak savait qu'elles allaient rapidement s'élargir, aussi, assis sur sa caisse à l'arrière, essayait-il de voir, malgré le vent qui lui brouillait la vue, celle qui, plus large, allait lui barrer la route. Lorsqu'elle se présenta, cette première passe infranchissable, les chiens furent désemparés. Noulouk s'arrêta tout au bord, aussitôt entouré de ses compagnons qui regardaient d'un air dépité l'eau noirâtre clapoter à leurs pieds. L'Inuit dut tirer le traîneau en arrière et longer le bord à la recherche d'un passage. Il le découvrit assez vite mais, avant de laisser sauter les chiens, à grand-peine il les retint pour démêler sommairement quelques traits trop nuisibles à leur liberté de manœuvre. Puis il cria un ordre sec à la meute qui arracha le traîneau, dont les longs patins firent, un court instant, un pont au-dessus de la fissure. Hélas, de l'autre côté ils n'allèrent pas très loin avant de se voir à nouveau face à l'eau. A force de détours, de retours en arrière, de bonds de plus en plus risqués, ils progressèrent encore un peu. La situation s'aggravait de minute en minute, et ces innombrables déviations faisaient perdre un temps précieux.

Amaamak s'inquiétait. Non qu'il craignît de s'égarer : le vent fou qui venait de la terre ne lui indiquait que trop violemment son chemin, non, il appréhendait plutôt les vagues. Elles prenaient de l'ampleur, et si elles avaient déjà pu briser cet énorme plancher de glace, elles sauraient tout aussi bien en faire des morceaux plus petits encore. Et les jeter les uns contre les autres. Le temps pressait d'échapper à ce terrible piège. Les chiens couraient nerveusement. Ils se serraient les uns contre les autres, alors qu'ils préféraient toujours se déployer plus largement. Quelques-uns poussaient de petits cris plaintifs. Seul Noulouk, par la longueur de son trait, se détachait de cette masse de fourrures. Il se retournait fréquemment vers son maître, surpris de ces épouvantables conditions qu'il n'avait encore jamais rencontrées. Autant que les mouvements de la banquise, les grondements du vent ou le fracas des vagues, l'extravagance du parcours l'affolait. Plus encore que ses compagnons, à travers ces continuels changements de direction, il percevait l'embarras de son maître, prompt à accroître encore la nervosité générale. Hélas, Amaamak ne pouvait faire mieux. Sa grande connaissance des glaces était mise en échec par cette tempête soudaine qui défiait tout calcul. Il espérait seulement que ses chiens ne perdraient pas leur contrôle et ne viendraient compromettre, par quelque panique, le peu de chance qui restait de regagner la terre ferme.

Ils venaient de faire une assez bonne distance en ligne droite, quand à nouveau ils arrivèrent face au vide. Aussitôt ils obliquèrent à droite, mais là non plus il n'existait pas de passage. Demi-tour, direction opposée et toujours pas d'issue : ils s'étaient engagés entre deux longues cassures qui convergeaient. Amaamak eut à peine le temps de s'en désoler qu'un craquement sinistre le paralysa : la glace venait de céder juste où il se tenait. Une fente bien droite, ouverte en plein sous les chiens. Noulouk, Talouk, Itak tombèrent à la mer. Deux autres encore perdirent l'équilibre et les rejoignirent. Le traîneau et huit chiens restaient sur la banquise solide. Il fallait rapidement les faire reculer. Sans hésiter, Amaamak trancha les traits des malheureux qui se débattaient dans l'eau glacée. Il n'aurait pu risquer d'en tirer un seul sans compromettre sa sécurité et celle des rescapés. D'ailleurs, tout juste venaient-ils de s'écarter d'une dizaine de mètres que le bord se détachait à nouveau, cassé en plusieurs morceaux. Ils se replièrent jusqu'à un endroit où l'accumulation de vieux blocs semblait offrir plus de solidité. Momentanément rassuré, Amaamak assistait, anxieux et impuissant, aux efforts de ses chiens pour échapper à leur sort. Noulouk, Itak, Talouk,

Kalik, Natik, tous tentaient à pleines forces de se hisser sur la glace. L'eau ne pénétrait pas encore leur épaisse fourrure et ils parvenaient presque à sauter assez haut pour poser les pattes sur le bord. Le puissant Talouk finit par y arriver mais, au moment de se rétablir, ses griffes ne rencontrèrent aucune prise contre cette surface lisse, et il bascula en arrière. Aussitôt il recommença. Les autres, qui n'avaient pas sa constitution et que le froid engourdissait déjà, sautaient de moins en moins haut.

C'est Noulouk qui, le premier, comprit qu'il ne réussirait pas. S'écartant de la paroi, il se raidit, relevant haut la tête pour parcourir d'un regard effaré l'épouvantable chaos dans lequel lui et ses compagnons se démenaient. Il hésita, puis essaya de monter sur un bloc qui venait de le heurter. Trop petit, le glaçon culbuta et Noulouk se retrouva dans l'eau. Pour Amaamak la vie s'était arrêtée, suspendue aux efforts désespérés de ses chiens. Certes, il les appréciait tous, et tous lui étaient plus que jamais utiles, mais c'est surtout Noulouk et Talouk qu'il surveillait. Talouk qui s'acharnait toujours contre le mur de glace. Sa force exceptionnelle le projetait assez haut, mais ses griffes ne s'accrochaient pas suffisamment pour permettre la seconde impulsion qui l'aurait arraché à la mer. Il retombait alors à la renverse, en se cognant parfois à la glace ou à un autre chien. Pourtant, inlassablement il répétait le même mouvement. Noulouk, lui, après avoir par deux fois réussi à prendre pied sur des glaçons trop exigus pour supporter son poids, nageait à présent le long du gros bloc qui, initialement, s'était détaché. D'où il était, Amaamak n'en distinguait pas très bien le contour, mais il voyait ce pan de glace ballotté par les vagues s'enfoncer parfois sous l'eau dans sa partie la moins large. Noulouk aussi s'en aperçut et, sans trop de difficultés, parvint à grimper dessus.

En le voyant émerger, Amaamak hurla de joie :

— Allez, Noulouk ! *Uit ! uit ! uit !*

Cependant Noulouk n'était pas sauvé pour autant, mais au moins ce tremplin instable lui laissait-il une petite chance d'atteindre la banquise. Il cracha, s'ébroua, prit de grandes bouffées d'air et, tout en s'efforçant de ne pas perdre l'équilibre, découvrit Amaamak, là-bas, qui lui faisait de grands signes. L'animal avait compris bien sûr, mais il attendait l'instant propice pour agir. Si la glace en face semblait fixe, ce bloc providentiel dansait comme un bouchon. La mince couche de neige qui le recouvrait s'était imprégnée d'eau, et n'offrait pas assez d'adhérence pour pouvoir prendre un bon élan. Avec les vagues, la distance à franchir variait du simple au double, et Noulouk, qui luttait pour ne pas chavirer, bandait en même temps ses muscles afin de ne pas manquer le moment opportun. Un des chiens, qui se débattait aux côtés de Talouk et, comme lui, s'escrimait contre la muraille trop haute et trop égale, aperçut brusquement Noulouk. Sans hésitation il chercha à le rejoindre. Il nagea jusqu'au glaçon ballotté en tous sens, le longea dans sa partie supérieure, et parvint à l'arrière affaissé juste au moment où le flot le portait brutalement en avant. La glace s'escamota sous les pattes du chien et Noulouk profita de cette précieuse avancée pour bondir. Malgré le peu de prise, il franchit l'effroyable obstacle. Sitôt en sécurité il se secoua énergiquement, se roula dans la neige pour éliminer l'humidité de sa fourrure, courut en rond un instant, se frotta à nouveau longuement le museau, le dos et le ventre. Des gestes nerveux et désordonnés l'agitaient encore lorsqu'il rejoignit Amaamak et les autres chiens.

— Ah, mon Noulouk ! dit l'Inuit en lui prenant la tête, tu as réussi ! Tu es bien le plus rusé !

Puis, sans attendre, il le frictionna sur tout le corps avec des poignées de neige afin d'éviter surtout que son poil ne gèle. Il faisait cela sans quitter des yeux les quatre chiens toujours prisonniers de l'eau glacée. C'est alors qu'il vit sauter Itak, qui aussitôt entreprit la séance de séchage. Puis Kalik et Natik suivirent, en empruntant la voie montrée par Noulouk. Ne restait plus que Talouk, qui s'obstinait à vouloir se hisser par la seule force de ses pattes. Tandis qu'il bouchonnait les trois nouveaux rescapés pour gagner le froid de vitesse, Amaamak fixait cette bordure fragile derrière laquelle, à intervalles réguliers, jaillissait la tête de Talouk sans que suive le reste de son corps.

La mort dans l'âme, l'Inuit se voyait incapable de l'aider. Où il était, trop peu de neige recouvrait la glace pour immobiliser le traîneau, ce qui l'obligeait à se tenir constamment en avant des chiens que l'affolement aurait tôt poussés à détaler en le laissant là. Rongés de crainte, ils piétinaient, gémissaient, et même les coups distribués aux plus nerveux ne faisaient pas taire leur envie de s'enfuir. Cent fois déjà Amaamak avait cherché du regard un endroit où bloquer le *kamotiq*, mais rien, rien qu'une glace traîtresse exigeant la plus grande prudence. Interdisant le moindre geste de secours envers Talouk. Et puis comment s'y prendre ? Comment monter un poids pareil sur une glace d'un mètre d'épaisseur, peut-être fêlée ou rongée par en dessous ? Tenter d'approcher le traîneau relevait de la folie. Mettre à l'eau le bateau tout autant, avec les vagues et le danger des glaçons lancés en tous sens. Talouk devait s'en tirer seul. Amaamak rageait qu'il s'entêtât à vouloir absolument grimper là, au lieu de faire comme les autres. La lutte semblait durer depuis des heures, bien que quelques minutes seulement se soient écoulées depuis la catastrophe, et l'Inuit savait bien que, aussi dur qu'il fût, Talouk ne résisterait plus très longtemps à ce bain glacial.

Mais c'est un autre danger qu'il vit surgir, sous la forme du pan de glace utilisé comme tremplin par Noulouk et qui, lancé par une vague énorme, s'éleva au-dessus de l'eau pour venir heurter la banquise, juste où était le chien. Dans la tourmente, Amaamak crut entendre un cri. Le bloc repartit sur la vague, cogna à nouveau la bordure et s'éloigna de quelques mètres. L'Inuit guettait à s'en dilater les pupilles, mais il ne vit pas reparaître la grosse tête de son chef de meute.

— *Ayornarman*, laissa-t-il tomber.

Ayornarman, c'est la vie.

Simple mot qui disait à lui seul tout l'attachement, toute l'admiration, toute la reconnaissance qu'il devait à ce chien courageux mais têtu, peut-être trop confiant dans sa force.

Puis, rapidement, il rattacha les traits de Noulouk et des trois autres qui, depuis leur retour, ne cessaient de tourner autour du traîneau pour se réchauffer. Et il repartit. Un moment il suivit le che-

min qui l'avait mené dans ce cul-de-sac, profita d'un rétrécissement de la faille, la franchit et fila sur sa droite. Le mouvement des glaces prenait des allures monstrueuses. Aux craquements et grincements s'ajoutaient les coups des blocs s'entrechoquant dans le fracas des vagues et les hurlements du blizzard. Cette vision de fin du monde fouettait les chiens de l'énergie du désespoir, ce qui, certes, permettait d'avancer vite, mais compliquait terriblement le travail d'Amaamak incapable de contrôler cet attelage terrorisé. Les failles se multipliaient, et chacune accroissait le danger que la glace cède à proximité. Face à l'obstacle, et sans attendre aucun ordre, les chiens s'élançaient à la recherche d'une autre voie, celle qui enfin leur permettrait d'échapper à cet enfer. Mais, de plus en plus disloquée par la mer et le vent, la banquise amplifiait si bien les difficultés que les collines de la côte ne semblaient jamais se rapprocher. Un instant, Amaamak pensa que ce ciel d'encre, en avançant la nuit, faussait sa notion des distances. Mais bientôt il dut admettre la terrible évidence : il ne restait sans doute plus assez de banquise compacte pour lui permettre d'atteindre la terre ferme. Ses craintes se virent très rapidement confirmées lorsqu'il buta à trois reprises sur des voies d'eau impossibles à franchir. Il ne subsistait qu'un mince espoir de passage et les chiens se ruèrent dans cette direction pour découvrir, à leur grand désappointement, une étendue d'eau libre de plusieurs dizaines de mètres. Un nuage de brume s'en échappait, qui voilait quelquefois l'autre bord. De toute part, la mer cernait Amaamak et ses bêtes. Et le vent les poussait vers le large. Ils refirent le tour de ce bloc de glace sans dénicher la moindre issue. Ils étaient prisonniers. Force leur était de rester là, et d'espérer que le vent change de direction et les ramène vers la côte. Ou qu'un froid assez fort referme la banquise.

Des cris déchirants s'étranglaient dans la gorge des chiens, eux aussi conscients de la situation. Amaamak essayait de les rassurer, comme il se rassurait lui-même en constatant que ce radeau glacé, de cent pas sur soixante peut-être, ne semblait pas vouloir se fragmenter à nouveau, ainsi que le font souvent les plus gros. Il installa son traîneau en coupe-vent, renversé sur le côté, puis il s'assit, prêt à une longue attente. Les chiens les moins nerveux l'imitèrent. D'autres continuaient à piétiner et à s'agiter.

C'est alors que s'éleva la voix de Noulouk, profond hurlement de loup qui repoussa un instant le vacarme de la tempête. Amaamak se retourna et regarda son chien de tête, désormais chef absolu d'une meute qui criait sa détresse sur un glaçon à la dérive.

12

La nuit tombait maintenant, et les blocs de glace s'éloignaient de plus en plus les uns des autres. Un vent violent les dispersait sur une mer houleuse où, semblable à des milliers d'autres, roulait le refuge d'Amaamak et de ses bêtes. Les bruits terrifiants de la banquise qui danse et se morcelle laissaient à présent place au ronflement régulier des vagues et, malgré sa précarité, la situation des naufragés en paraissait moins dramatique. Mais les chiens ne voulaient pas y croire, qui s'abandonnaient à leur angoisse, geignant de concert comme les femmes du village lorsque des chasseurs sont portés disparus. Ils n'osaient pas bouger et se tenaient tous ensemble, le regard pareillement désespéré.

Immobile lui aussi contre son traîneau, Amaamak essayait d'apercevoir *Ndartsik*, l'étoile Véga qui remplace le soleil pour se guider pendant la longue nuit polaire. Mais trop de nuages et de brouillards en retenaient la lumière. Il ne lui restait qu'à s'organiser pour la nuit. En s'accommodant du minimum : aucune nourriture, ni pour lui ni pour les chiens, seulement deux peaux de caribou en guise de rempart contre un froid qui déjà s'accompagnait de frimas. Certes, il avait du thé et un réchaud, mais la couche de neige trop mince limitait la réserve d'eau douce. Dans une partie non foulée il en racla de quoi bourrer sa bouilloire et la mit à fondre. Les deux tasses de thé qu'il obtint lui apportèrent un peu de chaleur, et surtout une appréciable stimulation. Ensuite,

à l'abri du vent derrière son traîneau, il étendit une des peaux de caribou sur la glace, répartit ses chiens tout autour et s'allongea au milieu en se recouvrant de la seconde. Sans se faire prier, les bêtes se pressèrent contre lui, serrées les unes contre les autres pour mieux se réchauffer et se tranquilliser. Les mésententes n'existaient plus au sein de cette meute magnifiquement unie dans la confiance portée au maître, seul à pouvoir trouver une issue au cauchemar. Comme il rabattait sur sa tête l'épaisse fourrure de caribou, Amaamak reçut de Noulouk un grand coup de langue au visage. En échange il lui frotta un peu le museau et, à travers ces gestes anodins en d'autres circonstances, ressentit une bouffée d'espoir lui dire que tout n'était peut-être pas perdu.

Le lendemain ils dérivaient toujours. L'espace avait encore grandi entre les blocs, apeurant un peu plus les chiens qui hésitaient à se lever et demeuraient prostrés, ramassés en boules pitoyables et gémissantes. Le vent, d'une force soutenue, s'acharnait à repousser de la côte ces morceaux de banquise qui s'éparpillaient à mesure que la pleine mer les absorbait. De grands pans de buées flottaient tout autour, interdisant jusqu'à l'idée de s'orienter, mais Amaamak, attentif au vent, savait qu'il soufflait toujours dans la même direction. Qu'il l'entraînait de plus en plus loin de la terre. Il gratta un peu de neige pour le thé et se recoucha au milieu de ses chiens. Que faire d'autre qu'attendre ? Et essayer de dormir pour tromper la faim qui entreprenait son siège patient ? Le froid restait soutenable et, en un sens, Amaamak le déplorait, car la banquise serait alors plus longue à se reformer. De temps en temps il se levait pour chasser l'engourdissement, lançant avec vigueur ses bras autour de ses épaules et s'accroupissant pour dénouer ses muscles. Puis il reprenait sa place parmi ses compagnons, toujours immobiles afin de ménager leur énergie tout en préservant leur chaleur. La plupart semblaient endormis, mais en réalité, derrière les grosses queues touffues rabattues sur les museaux, un œil inquiet cherchait régulièrement quelque raison d'espérer dans ce décor de perdition.

A un moment, Noulouk releva brusquement la tête. Contre son dos, Amaamak perçut le mouvement à travers la peau de caribou et se dressa sur un coude. Noulouk fixait quelque chose de lointain que lui seul semblait voir car, malgré son habitude de fouiller les brumes et les *poudreries*, Amaamak ne remarqua rien. Pourtant l'attention de Noulouk ne faiblissait pas. Alors, l'Inuit se mit debout et inspecta soigneusement la mer en suivant le regard de son chien. Mais rien. Rien qu'une houle infatigable qui berçait un troupeau épars de glaçons.

Et puis soudain, sur la gauche, comme un halètement. D'un même geste Noulouk et Amaamak pivotèrent pour voir sortir de l'eau, à quelque distance, une tête blanche au nez court, qui souffla bruyamment avant de se dresser en montrant une partie du dos, tout blanc également : un béluga, une petite baleine. Prestement Amaamak empoigna sa carabine, mais, avant qu'il n'ait pu viser, le long corps luisant replongea en saluant d'un coup de queue. L'Inuit reposa son arme. Des rêves de *muktuk*, la délicieuse peau crue du béluga, le firent saliver. Il pensa à sa chair huileuse qui serait si bien venue mais, réaliste, il mesurait aussi l'improbabilité de pouvoir toucher mortellement la petite baleine blanche. Et même y parviendrait-il, que l'animal coulerait sans lui laisser le temps de l'atteindre avec son bateau. C'est dans les estuaires, en eau peu profonde, que les Inuits chassent habituellement le béluga. De leurs embarcations ils le harponnent d'abord, puis l'achèvent d'un coup de fusil avant de le remorquer rapidement jusqu'au rivage. Amaamak attendit, sa carabine à la main, au cas où la baleine viendrait tout près... Noulouk aussi guettait, des yeux et des oreilles. Mais c'est plus loin encore qu'ils la revirent émerger.

— *Ayornarman*, murmura le chasseur.

Les chiens, à qui cet intermède avait rappelé que la vie existait encore autour d'eux, s'étaient tous levés, excités et intrigués. A présent ils se regroupaient autour de leur maître, à nouveau enveloppé dans ses fourrures de caribou. Noulouk, couché à hauteur de sa tête, le fixa un moment d'un regard pénétrant qui semblait dire : Dors tranquille, je

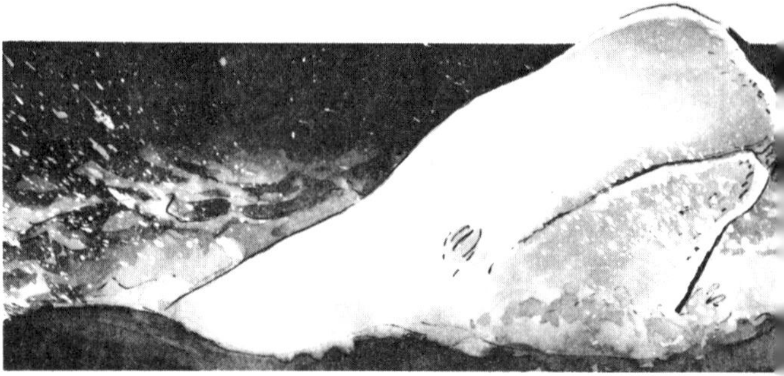

veille. La journée se passa sans autre incident, interminable, monotone, rythmée par le balancement mou du radeau glacé que le vent poussait toujours irrémédiablement vers la pleine mer.

Ce n'est qu'à la tombée de cette deuxième nuit de dérive que la situation évolua. L'Inuit le sentit à quelques signes infimes que seule une longue habitude de ces régions peut rendre perceptibles. D'abord, quand il se leva pour uriner, il lui sembla que le roulis s'atténuait. L'air aussi lui parut moins piquant. Peu après, la mer s'aplatit. Le clapotis contre les bords de glace s'effaçait doucement, jusqu'à devenir inexistant. Le vent était tombé. Complètement. Amaamak, qui respectait beaucoup le vent, chercha à lire ses desseins dans le ciel, mais il ne put rien déceler dans ce plafond uniformément noir, sans la moindre trouée, sans l'éclat d'une seule étoile. Il n'ignorait pas qu'un tel calme pouvait l'immobiliser là durant des jours. Tout comme il suffisait de quelques heures pour que surgisse une autre tempête qui l'entraînerait ailleurs. Cette incertitude le tracassait moins que la faim. Si sa position n'était guère rassurante, au moins laissait-elle quelque espoir de s'améliorer avec le temps. Pas la faim. Bien au contraire. Depuis deux jours maintenant qu'il n'avait pas mangé, Amaamak craignait d'avoir

bientôt à sacrifier un chien pour se nourrir. D'autres fois dans sa vie, des circonstances dramatiques l'avaient ainsi poussé à cette extrémité pour conjurer la famine, et il ne s'était pas exécuté sans un profond écœurement. Mais quel Inuit n'est-il pas, un jour ou l'autre, amené malgré lui à commettre pareil geste ?

Les chiens résistent beaucoup mieux au froid et à la faim, qui s'entendent si bien pour miner les forces de tout ce qui vit dans le Grand Nord. L'instinct de survie les rend avares du moindre geste susceptible d'entamer leurs moyens. Là, ils avaient déchiqueté et mangé les petites bottines de peau qu'on leur attache toujours aux pattes pour les protéger des glaces coupantes du printemps. Noulouk avait perdu les siennes dans l'eau, tout comme ses compagnons d'infortune qui ne semblaient pas particulièrement regretter ce repas illusoire.

Avant de disparaître sous sa peau de caribou, Amaamak les regarda longuement, ces douze chiens maintenant calmes et résignés, qui lui offraient leur chaleur. Il admira leur patience, leur confiance, en s'efforçant de chasser de son esprit l'idée d'avoir à en choisir un pour le tuer. Il les bouscula un peu en reprenant sa place, observa une autre fois la mer et le ciel également mornes et inertes, puis s'enfonça dans les fourrures et s'endormit.

Alors qu'il s'était réveillé plusieurs fois sans constater de changement, vers le matin il sentit le bloc de glace se remettre à bouger. Aussitôt il fut debout. Un nouveau vent recommençait à agiter la mer et forçait la masse des nuages qui déjà perdait de son uniformité. Aucune étoile n'apparaissait encore, mais Amaamak s'attendait à en voir bientôt, car ce vent soufflait de l'ouest. Il le savait sec et fort, moins sauvage que le vent du nord, mais tout aussi déterminé. Et, dans ces circonstances, porteur en plus d'une immense espérance. Alors l'Inuit se mit à faire des calculs : le bloc de glace dérivait à présent vers l'est, où la terre, en deux endroits, s'avançait très loin dans la mer. S'il n'était pas descendu trop au sud, il devrait accoster sur l'une de ces presqu'îles. Sinon, s'il passait au large, il aboutirait beaucoup plus loin, sur l'île Natarnak, très pauvre en gibier et située à plus d'une journée de la côte, avec une bonne banquise.

— De toute façon, marmonna-t-il, ça ne dépend que du vent et c'est toujours mieux que de continuer vers le sud ou de faire du sur place.

— Allez, les chiens ! Ne pleurez pas, on rentre à la maison, lança-t-il à ses bêtes qui s'étaient remises à gémir depuis que des vagues, à nouveau, balançaient le radeau.

Il faisait très sombre encore, pourtant Amaamak guettait le plafond nuageux malmené en altitude par de violents tourbillons. Et soudain une étoile apparut, timide, aussitôt masquée, redécouverte peu après. Puis une autre, et d'autres encore. Des quantités d'étoiles parmi lesquelles Amaamak reconnut bientôt *Ndartsik*. Il l'observa un moment pour être certain qu'il dérivait bien vers l'est, avec une faible inclinaison nord qu'il attribuait aux courants. Avec de la chance, il toucherait peut-être terre avant l'île

Natarnak. Une grande joie l'envahit et, malgré la faim qui le tenaillait, il se sentit pénétré d'une énergie toute neuve et inaltérable.

Si les chiens ne voyaient encore aucune raison de se réjouir, le ciel, en revanche, s'employa à saluer joliment ce vent favorable en déployant une somptueuse aurore boréale dont il a le secret sous ces latitudes. Très haut dans les nues, une traînée scintillante dessinait des courbes, des mouvements capricieux qui l'allongeaient pour l'enrouler l'instant d'après, comme une gigantesque écharpe pailletée agitée par la main d'un géant. Elle s'effilait telle une comète, puis s'étalait paresseusement. Ou bien elle s'esquivait en abandonnant quelques poignées d'étoiles roses derrière elle, avant de resurgir des ténèbres pour les engloutir et s'élancer vers les hauteurs insoupçonnées du firmament, d'où elle plongerait mieux vers les abîmes glacés. L'étrange ballet captiva Amaamak et quelques chiens qui en suivirent debout les péripéties puis, quand le ciel abaissa son rideau noir, la terrible incertitude du moment arracha une série de plaintes à la meute, à nouveau effrayée par la houle qui s'amplifiait. Les nuages fuyaient à mesure que le jour se levait, et lorsque le soleil apparut, il ne rencontra pour accrocher ses rayons écarlates que des nuées éparses pressées de disparaître. Et puis, dans cette lumière nouvelle, Amaamak vit les innombrables morceaux de la banquise dispersée qui se rapprochaient, convergeant tous vers le même horizon, tels des caribous se rassemblant pour la migration d'automne.

Les chiens revenaient à la vie. Dressés sur leurs pattes, le nez tendu, ils guettaient ces taches claires, attendant impatiemment qu'elles arrivent à leur portée pour bondir dessus et regagner la côte. Graduel-

lement le vent forcissait, l'air sec devenait plus froid, et, si Amaamak savait que la faim n'en serait que plus aiguë, au moins se réconfortait-il en pensant que la banquise allait bientôt se ressouder. C'est vers le milieu de la journée que les premiers blocs de glace vinrent heurter le refuge de l'Inuit et de ses compagnons. En quelques heures la mer s'était repeuplée de blocs de toute taille qui, poussés par de petites vagues nerveuses, s'entrechoquaient maintenant avec fracas. Ils se bousculaient, se repoussaient, les plus gros enfonçant les petits, en se brisant parfois eux-mêmes à nouveau, dans cette gigue insensée que seul le gel parviendrait à maîtriser.

Amaamak contenait ses chiens avec peine. Trop longtemps prisonniers et redoutant pire encore, ils auraient facilement pris le risque de s'élancer sur cette surface mal assemblée, en faisant fi de son instabilité. C'est en criant et frappant qu'il rappela les téméraires à la prudence, non sans déplorer ce gaspillage d'énergie dont ils allaient avoir, de part et d'autre, le plus grand besoin. Le soleil brillait fort, mais sa chaleur se perdait dans l'air glacial. La mer étincelait d'une gigantesque mosaïque de diamants, provisoirement encastrés pour ne

donner qu'un même éblouissement insoutenable à l'œil nu. Le froid gagnait en intensité, accueilli là comme un sauveur, alors qu'il peut tout aussi bien tuer ailleurs. Cette banquise revenue du bout de l'horizon perdait de sa souplesse pour retenir la mer sous un plancher irrégulier mais presque fixe. Amaamak attendait toujours. Tout paraissait figé autour de lui, pourtant, à l'évidence la jeune glace demeurait trop fragile pour bien maintenir les blocs. Il fallait patienter. Et faire patienter les chiens. Ce n'est qu'au soir, alors que le soleil encore très vulnérable en cette saison commençait à pâlir, que l'Inuit décida d'agir. La sagesse commandait d'attendre une autre nuit, mais la faim devenait critique et forçait à prendre des risques. Il restait quelques heures de clarté avant la nuit qui s'annoncait claire, cela permettrait peut-être d'atteindre la terre ferme.

Après deux nuits et deux jours, Amaamak et sa meute quittèrent enfin leur radeau. Alors que d'ordinaire les chiens se montrent timides et craintifs sur une banquise fraîchement formée, là, ils avaient tant hâte de laisser l'endroit qu'ils ne pensaient qu'à foncer. C'était aller tout droit à la catastrophe. Amaamak, estimant le danger suffisamment impor-

tant sans l'aggraver encore par des gestes incontrôlés, n'hésita pas à rosser les plus excités. La voix suffit ensuite à les retenir, tandis qu'ils suivaient Noulouk, à qui son maître ne laissait aucune initiative. Debout sur le traîneau, les jambes calées contre la caisse, il scrutait la glace en avant et donnait des ordres à mesure. Il n'engageait son chien de tête que sur des blocs importants, qui semblaient assez bien ajustés aux autres pour ne pas cacher de larges parties faibles. Dans les endroits trop incertains, il immobilisait l'attelage et s'avançait seul, à plat ventre parfois pour mieux répartir son poids, sondant délicatement la glace avec le pic. Plusieurs fois la pointe passa à travers, l'obligeant à se retirer lentement, doucement, et à chercher un autre passage. Au bout d'un bloc de forte taille, Noulouk arriva devant un trou d'eau, heureusement bien visible grâce aux reflets dorés du soleil déclinant. En raison de quelque mystérieux courant ou tourbillon, le froid pourtant intense ne parvenait pas à solidifier cette petite surface. Ces constants changements de direction prenaient beaucoup de temps ; néanmoins, l'homme et ses bêtes progressaient régulièrement vers l'est, où devait se situer la terre la plus proche.

Amaamak la désirait avidement cette terre. Plusieurs fois il crut même l'apercevoir, avant de découvrir qu'il s'agissait de glaçons dressés et empilés selon la fantaisie des vagues. D'ailleurs, de plus en plus d'obstacles de ce genre se présentaient, qui gênaient considérablement le passage du traîneau, mais rassuraient aussi quant à la proximité d'une barrière ne pouvant être que la côte. Comme leur maître, les chiens ne s'y trompaient pas, et à nouveau l'excitation leur ôtait l'envie d'obéir. Uniquement préoccupés d'aller vite, ils oubliaient que ces blocs, indiscutablement plus solides ainsi regroupés, n'en masquaient pas moins de vilaines fissures aussi indécelables qu'une perdrix dans la rocaille. A présent la pénombre s'annonçait, dissimulant les embûches, la fine glace surtout, qui risquait de les engloutir tous. Un instant Amaamak pensa s'arrêter, attendre à nouveau et repartir aux premières clartés du jour, mais c'est encore la faim qui le poussa. La sienne et celle de ses chiens, qui entamaient déjà les forces de chacun. Bien que la banquise soit devenue plus sûre, il importait de rejoindre la côte sans délai. De se repérer, puis, selon, de chasser ou de regagner le village. L'homme redoutait d'accoster à l'île Natarnak. Cela signifiait une autre journée avant d'atteindre la terre ferme. Pourrait-il tenir sans manger ? La faiblesse l'alourdissait. Il se fixa une limite : un amoncellement plus important, quelques centaines de mètres en avant. Il y parvint sans trop de détours et là, en escaladant un haut bloc, découvrit, à une portée de fusil, un mur de glace qui barrait tout l'horizon : le *pack*.

— Courage, les chiens, lança-t-il, on voit le bout.

Une barrière de blocs empilés, soulevés par l'énorme poussée des glaces se déployait là-bas, à l'endroit où la banquise était revenue aborder. La côte n'était pas loin derrière ; pourtant, à la vue de cet obstacle si malaisé à franchir, Amaamak hésita : restait-il assez de temps pour passer avant la noirceur ? Il regarda le soleil incandescent qui descendait irrésistiblement. Lorsqu'il basculerait derrière le Dos de la Terre, sa lumière rougeâtre maintiendrait un pâle éclairage encore une heure peut-être, puis ce serait l'obscurité. Paralysante et dangereuse. Il fallait faire vite.

— Allez, on y va ! cria-t-il à ses chiens pour qui la question ne se posait même pas.

A mesure qu'ils approchaient du *pack*, les difficultés s'accroissaient. Sans cesse Noulouk devait contourner quelque nouvel obstacle trop important pour les longs et encombrants patins. Derrière lui, ses compagnons se glissaient dans ce dédale en s'appliquant à maintenir tendus les traits qui se prenaient dans les pattes et contrariaient leurs efforts. Pour les aider, Amaamak avait attaché une lanière à l'avant du traîneau qu'il pouvait ainsi mieux manœuvrer, tout en essayant de repérer les crevasses, heureusement moins nombreuses à présent. Et puis ce fut le *pack*, la hantise des chiens.

L'allure, déjà lente, tomba aussitôt devant cette muraille bâtie à force de blocs, de vagues, de pressions et de gel, et qui se dressait là, imposante, en craquant de sinistre façon. Le soleil moribond ne dispensait plus qu'une pauvre lumière glacée, propre à accentuer l'austérité du rempart. Comme si la banquise, déçue de n'avoir pu anéantir l'homme et ses bêtes, leur refusait encore l'accès à la côte. Amaamak ne s'attarda pas à choisir un passage : il n'en existait aucun de facile. Il engagea Noulouk droit devant et les autres suivirent, chacun entreprenant à son tour l'escalade, selon la liberté que lui laissait la longueur de son trait. L'Inuit se tenait tantôt à l'avant du traîneau pour le soulever, tantôt à l'arrière pour le pousser, ou sur le côté pour le tirer ou le retenir. Il devait constamment le guider, l'orienter, veiller à ce qu'il ne s'accroche ou bascule. Le long *kamotiq* gémissait sous les contraintes. Les lanières assurant la fixation des patins le laissaient prendre des formes inquiétantes pour mieux se conformer à ce relief insensé. Malgré cela, il arrivait que la glace devienne trop exigeante, et la seule solution restait d'éliminer l'obstacle. Alors Amaamak prenait sa hache dans le coffre et, avec un jaillissement de cristaux tranchants et imprévisibles, ouvrait

la voie au traîneau. Les chiens poussaient des cris lorsque le moindre éclat les atteignait. Eux, qui n'aimaient déjà pas être serrés, acceptaient mal les contraintes de ce labyrinthe. La patience leur manquait, d'attendre que l'Inuit, baigné de transpiration, vienne à bout de toutes ces entraves. La nouvelle banquise craquait et grinçait car, à cet endroit, jamais aucun gel, si vif fût-il, ne parvenait à l'immobiliser totalement. Bien qu'étouffée, la mer gardait assez de force pour donner à cette masse de glace un mouvement de va-et-vient aussi irrésistible qu'impressionnant.
D'étroites failles encombrées de glaçons couraient tout le long de la ligne d'articulation avec la portion de banquise solidaire du littoral. Assez peu dangereuses en plein jour, elles le devenaient terriblement dans le noir, aussi Amaamak ne négligea aucune précaution pour éviter les derniers pièges de cette épouvantable et à la fois grandiose construction de la mer en furie.

Lorsque enfin le traîneau retomba sur une surface plate et dégagée, les chiens purent à nouveau se déployer et aller naturellement. Tous se ressentaient de leurs souffrances dans le *pack*, mais forçaient quand même l'allure en devinant la côte proche. En effet, peu après, Noulouk grimpait un petit raidillon et posait la patte sur une neige qui ne cachait plus que de la terre et du roc. Les ultimes lueurs du jour accueillirent les rescapés et, avant que la nuit ne lui fasse douter du succès, Amaamak se mit à construire un igloo. Les conditions s'y prêtaient assez bien à cet endroit, pour qu'en un temps record les blocs soient découpés, assemblés, colmatés. C'est dans l'obscurité la plus totale que l'homme aménagea le passage d'entrée, tandis qu'à côté ses chiens blottis les uns contre les autres dormaient déjà profondément.

13

A l'intérieur, Amaamak s'occupa d'abord du réchaud. Sous l'action du froid, le pétrole ne s'allumait pas facilement, mais il finit quand même par libérer de courtes flammes jaunes qui éclaboussèrent de lumière la paroi neigeuse. L'Inuit posa dessus la bouilloire pour le rituel du thé, qui prenait une importance accrue depuis qu'il constituait la seule source d'un peu de réconfort. Un inventaire de la réserve révéla qu'il ne restait que sept petits sachets. De quoi faire une vingtaine de tasses. Avec tout juste assez de pétrole pour porter l'eau de neige à ébullition.

— Pourvu qu'on ne soit pas sur l'île Natarnak, dit-il à mi-voix, conscient que sa victoire sur les glaces ne lui épargnait pas d'avoir encore à peiner et à compter beaucoup sur la chance pour revenir avec tous ses chiens.

Mais, pour l'heure, dans la relative tiédeur de son petit igloo, il savourait le bonheur d'avoir lui échappé au pire. Le thé brûlant lui dénoua un peu l'estomac et, n'eût été la restriction de pétrole, il aurait fait cracher plus longtemps le réchaud et prolongé ce semblant de bien-être. Mais la situation l'interdisait. Alors il étouffa la flamme, se roula dans les peaux de caribous, et sombra aussitôt dans un sommeil lourd de fatigue, de satisfaction et d'espoir.

Le lendemain, en sortant de l'igloo il chercha aussitôt à se repérer. Hélas, de tous côtés les nuages envahissaient à nouveau le ciel, dressant, à force d'opacité, partout le même horizon si proche qu'il interdisait la moindre observation. Pas plus que la veille dans la noirceur, l'Inuit ne pouvait dire s'il foulait une presqu'île ou l'île Natarnak. Une seule certitude, mais d'importance : la position du nord. Le chemin du salut, juste dans l'axe du traîneau car, avant de se retirer hier soir, Amaamak avait longuement regardé les étoiles et disposé son *kamotiq* en conséquence. La mauvaise visibilité de ce matin ne l'empêcherait pas de prendre quand même la bonne direction. En entendant craquer la neige sous les pas de leur maître, les chiens ouvrirent les yeux et certains, même, se levèrent pour entreprendre aussitôt quelques mouvements d'extension. La faim, qui diminuait leurs forces, n'altérait pourtant pas leur ardeur : si la colère de la banquise ne les inquiétait plus, ils demeuraient conscients de la précarité de leur sort. Amaamak débrouilla les traits les plus emmêlés, ramassa ses affaires et reprit la course avec une assurance tout à fait étonnante pour quelqu'un si peu certain de sa position. Noulouk reçut l'ordre d'aller tout droit, ce qu'il fit sans difficulté car, pour le moment, rien dans la configuration du terrain ne l'obligeait à louvoyer. La neige ferme et égale permettait de soutenir un train régulier, en laissant peu à peu en arrière ces lieux maudits, déjà oubliés pour l'inconnu dissimulé par les brumes. Mais, si l'attelage avançait avec confiance sur ce sol rassurant, Amaamak, lui, s'inquiétait de plus en plus à mesure

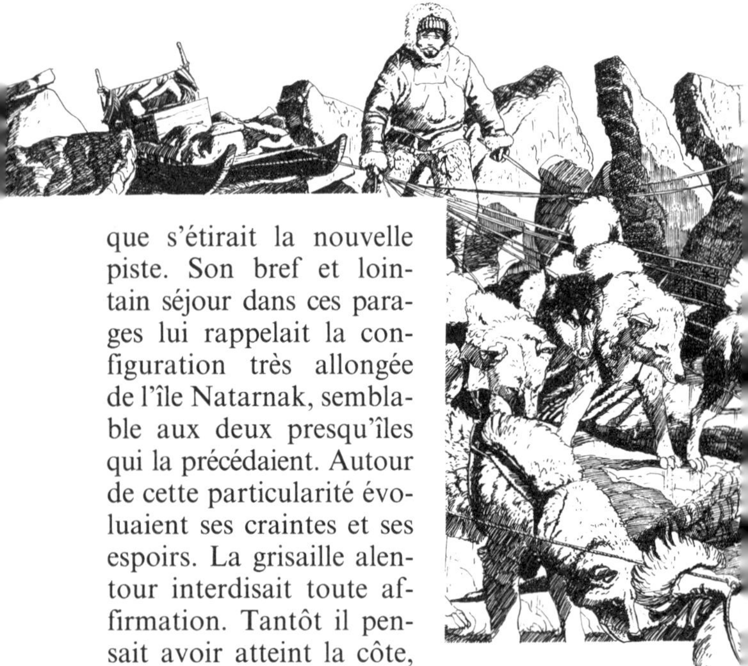

que s'étirait la nouvelle piste. Son bref et lointain séjour dans ces parages lui rappelait la configuration très allongée de l'île Natarnak, semblable aux deux presqu'îles qui la précédaient. Autour de cette particularité évoluaient ses craintes et ses espoirs. La grisaille alentour interdisait toute affirmation. Tantôt il pensait avoir atteint la côte, pour se voir l'instant d'après rendu seulement au bout de l'île, avec encore une pénible traversée de glaces mal assurées à entreprendre.

Le jour repoussait doucement l'horizon, et l'Inuit se tenait debout sur son traîneau, tentant de percer au-delà des deux ou trois cents mètres où la blancheur de la neige se démarquait un peu de la pâleur du ciel. Mais rien. Rien en avant des chiens. Rien sur les côtés. Qu'une étendue plate uniformément enneigée. En se fondant sur la vitesse et le temps, Amaamak essayait de comparer la distance parcourue à la longueur présumée de l'île. A celle de la plus courte des presqu'îles, tout aussi imprécise... Et ses calculs ne le menaient à rien de concret, sinon à la certitude que chaque pas le rapprochait de toute façon de la « vraie » terre. Bientôt il lui sembla que la pente s'accentuait légèrement mais, comme Noulouk maintenait la même allure, rien ne paraissait moins évident. Et puis, soudain, un peu sur la gauche, dans le brouillard il crut apercevoir un homme qui levait les bras. Une seconde d'émotion, rien de plus pour Amaamak qui n'ignorait pas que la faim donne souvent des hallucinations dans le grand désert blanc. Le vent reprenait du souffle et déplaçait de larges pans de brumes qui modifiaient sans cesse la visibilité. C'est ainsi qu'au hasard d'un éclaircissement l'homme se montra à nouveau, assez distinctement, là-bas sur une hauteur. Cette fois, Amaamak ne pouvait plus douter :

— *Inukshook* ! *Inukshook* ! hurla-t-il avec tant d'enthousiasme que Noulouk accéléra aussitôt.

Oui, il pouvait se réjouir, Amaamak, il était bien sur la presqu'île et touchait enfin au littoral. C'est l'homme aux bras tendus qui le lui affirmait, cet *Inukshook*[1] posté là depuis des millénaires pour rassurer le voyageur arrivant de la banquise. Parvenu à sa hauteur, Amaamak arrêta l'attelage et contempla

un instant le guide immobile beaucoup plus grand que lui. Il ressentit respect et gratitude envers cette construction sommaire, tout incrustée de lichens sombres, placée là par de lointains ancêtres qui, eux aussi, avaient peut-être dérivé sur les glaces et ne savaient plus où la tempête les avait fait échouer. Dans ces solitudes glacées, l'*Inukshook*[1] veillait depuis lors et, comme s'il quittait un ami, Amaamak lui fit au revoir de la main en repartant.

A présent, il avait une idée du chemin d'Igloolik. Il estimait la route à deux jours au moins. Deux longues journées qui demanderaient tant d'efforts à tous qu'il apparaissait suicidaire de les entreprendre sans avoir mangé. Pour l'homme comme pour les chiens. Assis sur son traîneau, dans le crissement aigu des lames d'acier sur la neige, l'Inuit envisageait calmement le peu de solutions que lui offrait ce printemps capricieux : soit chasser le phoque sur la banquise proche, soit prendre la piste des collines avec l'espoir de rencontrer des caribous ayant hiverné là. Ou encore, avec de la chance, tomber sur un ours blanc... Il se souvint brusquement que, jadis, les vieux vantaient cette région à cause justement des nombreux ours qui la parcouraient. Mais, après quatre jours de jeûne et de fatigue, les chiens auraient-ils assez d'énergie pour mener à bien une poursuite ? La faim ne pousserait-elle pas leur témérité au-delà de toute prudence ? Quant à guetter le phoque, rien n'était moins aléatoire. Sur une côte inconnue, cela risquait de demander longtemps avant de découvrir l'endroit propice. Avant de pouvoir entreprendre la patiente attente, au bord d'un trou ou d'une faille...

1. *Inukshook* : dans la langue des Inuits, c'est « celui qui ressemble à un homme », monticule de pierres à la silhouette humaine, érigé en repère sur les côtes difficiles ou les passages du gibier.

— Non, dit Amaamak, tout cela reste trop incertain, je vais suivre le chemin des collines.

Ce n'est pas tant aux caribous qu'il pensait en décidant cela, mais à deux points précis de grand intérêt en la circonstance : d'abord, la voie des collines rejoignait beaucoup plus directement le village que le littoral fort découpé, et puis, hypothèse risquée mais pas invraisemblable, il existait peut-être des caches à viande dans les parages. En effet, les chasseurs du petit village d'Ikpik, tout au nord, fréquentaient les lieux de temps à autre et devaient certainement y entreposer leur gibier. Le chemin est long jusqu'à chez eux, un tel déplacement ne se justifie que par des chasses fructueuses, parfois trop lourdes à rapporter en une seule fois. Amaamak comptait sur son sens du pays et sur sa bonne étoile pour découvrir un de ces garde-manger. C'est pourquoi il choisit de longer les collines aux sommets usés par des vents si tenaces qu'ils laissent le sol à nu

même au cœur de l'hiver. Il n'est de meilleur emplacement pour les caches, ainsi bien apparentes malgré leur nom qui n'a de sens que pour les carcajous, les renards ou les corbeaux.

L'attelage allait au petit trot derrière Noulouk à qui Amaamak n'imposait rien en dehors de la direction, confiant dans sa capacité à évaluer les ressources de la meute. Il se concentrait entièrement sur la tache grise des rochers qui, çà et là, trouaient l'infinie blancheur du décor. Il fouillait intensément ces immensités, tellement semblables que seul un œil

exercé pouvait en distinguer les nuances. Il scrutait aussi le ciel, à la recherche du soleil retenu par un plafond de nuages qui n'en laissait deviner qu'un petit cercle blême. La piste se déroulait, interminable et monotone. Plus qu'ailleurs encore le pays semblait vide. Pas une empreinte de traîneau, pas une trace de bête. Pas même l'appel d'un corbeau. Loin de ses chemins habituels, Amaamak appréciait le halètement régulier de ses chiens, puissant soutien face à tant de solitude.

A la jonction de deux vallées, un large espace à découvert sur une hauteur le détourna de sa route. Certes, il n'allait pas ainsi vérifier chaque endroit dénudé, mais celui-là ressemblait davantage à un tas de pierres qu'aux éparpillements de rocailles plus fréquents. Une cache à viande ? Parvenu à proximité, il laissa l'attelage au bas de la pente et continua seul. A mesure qu'il approchait du sommet, le cœur lui cognait un peu plus fort dans la poitrine, sans que l'effort fourni en soit l'unique cause. Indifférent à la fatigue, l'Inuit grimpait en fixant ces pierres là-haut, qui détenaient peut-être la solution à son tragique problème. A quelques mètres il n'avait plus de doute : il s'agissait bien d'une cache à viande. Alors il courut, pour bientôt s'affaler sur la construction vaguement rectangulaire, essoufflé, dépité : la cache était vide. Ouverte sur le dessus, avec un peu de neige amassée en dedans et prisonnière jusqu'à l'été.

— *Ayornarman*, dit-il dans un soupir en repartant.

C'est alors qu'il entendit grogner dans l'attelage qui s'agitait. Pensant de suite à la présence d'un ours, et craignant que les chiens ne lui donnent la chasse sans l'attendre, il se mit à courir. Mais, parvenu à mi-pente, il vit que certains se battaient maintenant. Leurs cris aigus emplissaient soudain l'air de cristal peu habitué à pareil tapage. Amaamak n'en continua pas moins sur sa lancée et parvint au traîneau juste pour voir Noulouk serrer un congénère à la gorge, alors que deux autres paraissaient déjà avoir subi le même traitement. Un quatrième qui espérait se joindre à la bagarre se ravisa en s'écartant, l'échine arrondie et la queue repliée entre les pattes. Il n'avait pas fallu deux minutes à Noulouk pour étouffer cette querelle due à la faim qui rendait irritable à présent que le danger des glaces mobiles ne confinait plus chacun dans une frayeur paralysante. Le chef de meute avait compris que les circonstances exigeaient tous les moyens disponibles, et qu'il n'était pas l'heure de gaspiller les énergies. La promptitude et l'efficacité de son intervention avaient sans doute évité aux antagonistes des blessures dont l'attelage entier aurait pâti plus tard. A la façon d'un maître loup qui veut conserver sa bande en état de chasser, Noulouk tenait à ce que chaque membre de sa meute disposât au maximum des forces qui lui restaient. Là aussi, il en allait de l'avenir de tous. Face à tant d'autorité, Amaamak demeura impassible. Il n'infligea aucune correction, remettant seulement les traits en ordre après avoir gratifié Noulouk de quelques tapes amicales. Plus que jamais, il savait qu'il pouvait compter sur lui. Un espoir nouveau l'étreignit, et la situation ne lui parut pas tout à fait aussi dramatique. Il reprit aussitôt la piste, avant que ne s'envole cette fragile impression.

Au sortir de la vallée se présenta une plaine vaste comme la mer, où le vent avait marqué la neige d'ondulations et de stries filant à l'infini. Apparemment insensibles à l'ennui que tant d'espace inspirait, les chiens allaient d'un trop égal, emmenés par un Noulouk inquiet devant pareil vide. Sans cesse il se retournait pour obtenir d'Amaamak l'approbation de sa conduite, sentant peut-être que son maître lui-même n'était pas convaincu de la direction. Et puis, après l'insolente platitude, le sol reprit des formes et bientôt émergèrent quelques buttes, largement dominées par la plus proche, au sommet presque pointu. Amaamak l'escalada pour observer les alentours, et c'est de là-haut qu'il remarqua, sur une élévation en retrait, la tache grise d'un autre amas de pierres. Il ne pressa pas les chiens pour s'y rendre mais, sitôt le traîneau arrêté au pied, il confia l'attelage à Noulouk et entreprit l'ascension. Peut-être que cette fois... La neige, très molle par endroits, contrariait ses efforts, l'obligeant à prendre en biais, à rallonger le trajet alors qu'il lui tardait tant de parvenir au but. A mesure qu'il se rapprochait, il ne quittait plus des yeux ces pierres qui paraissaient si bien assemblées. Un peu avant le faîte il n'y eut plus de neige, que de la pierraille qui dévalait à chaque pas. Et puis ce fut la cache. L'appréhension d'Amaamak s'évanouit d'un coup. Il se précipita.

Surprise : il ne s'agissait pas d'une cache à viande mais d'une ancienne trappe à loup. De même forme vaguement rectangulaire, également constituée de gros rochers empilés, elle s'en différenciait par une ouverture à la base d'un des petits côtés et par un système maintenant en équilibre une grosse pierre plate. L'animal attiré à l'intérieur par quelque appât recevait la pierre sur le dos, une fois entré. L'étroitesse du piège l'empêchait ensuite de se dégager, si par hasard il n'était pas tué sur le coup. Là, l'assommoir était bien effondré, mais aucun loup ne se trouvait en dessous, car le piège ne servait plus depuis longtemps. Des marbrures de lichens gris et noirs couraient sur les rochers où le froid avait collé quelques crottes de renard. Plus souvent que les loups, les renards succombaient à ces traquenards. Leur grande curiosité les pousse toujours à explorer scrupuleusement le sommet des collines, alors que le loup n'y vient que pour guetter les caribous et organiser sa chasse. Malgré sa désuétude, le piège portait des traces récentes, sans doute celles d'un animal en ayant fait son refuge pendant une tempête. En d'autres circonstances, Amaamak se serait émerveillé devant l'ingéniosité de ses ancêtres, mais la déception à nouveau l'alourdissait du poids de cet effort inutile. Il redescendit vers ses chiens et céda à la tentation du thé. Plus que cinq sachets. A présent il conservait ceux déjà utilisés, encore aptes à délivrer, bien pressés, un peu de sa boisson favorite, riche surtout en vertus psychologiques. Il demeura un moment assis, bien après que sa tasse fut vide. L'ascension des deux collines, coup sur coup, avait fortement entamé ses moyens très réduits. La faim lui brouillait parfois la vue et, tout à l'heure dans la pente, un vertige l'avait ébranlé. Le froid, pourtant modéré, s'insinuait dangereusement sous son parka de caribou.

— Si ce soir je n'ai pas découvert une cache remplie, ou rencontré un gibier, il faudra que je tue un chien pour me nourrir, dit-il, résigné.

Oui, cela deviendrait indispensable. Le village était encore trop éloigné pour qu'il espère l'atteindre dans de telles conditions. Surtout qu'en plus il doutait de sa route. Depuis des heures le soleil demeurait obstinément invisible, interdisant toute orientation. Même approximative. A la manière d'un animal, Amaamak ne se fiait qu'à son instinct, acquis au contact de ce Grand Nord imprévisible.

C'est le vent qui le décida à repartir. Un vent sournois brusquement réveillé, qui animait la neige, fine et sèche comme du sucre, de larges ondulations promptes à effacer toute marque d'homme ou de bête. Les chiens redoutent ce tapis mouvant de cristaux acérés qui leur piquent les yeux, pourtant ils reprirent leur rythme, imperturbables, malgré la fatigue et la faim qui leur courbaient de plus en plus l'échine. Irrésistiblement ils pénétraient dans ce décor sans visage, avec ses plaines, ses vallées, ses collines qui alternaient dans la fadeur des brumes. Face à tant de monotonie le temps n'existait plus, simplement la neige devenait grise à mesure que le jour déclinait. Assis en travers du traîneau pour n'offrir que son dos aux rafales, Amaamak tournait régulièrement la tête vers les chiens, à la recherche d'il ne savait trop quoi, dans ces lieux inconnus où seul le hasard pouvait maintenant l'aider. Il lui faudrait bientôt s'arrêter, et il choisit pour cela une éminence au loin, qui se profilait devant Noulouk.

Jamais aucune décision ne lui avait paru de si peu d'importance, tant il se voyait subir les événements sans rien pouvoir y changer. Plus il y réfléchissait, plus il se sentait prisonnier d'une seule et redoutable conclusion : l'obligation de tuer un chien ce soir. La trop longue absence de repères faussait toute idée de la position du village. Peut-être se trouvait-il à un jour de marche ? Ou deux ? Ou davantage ? Le froid l'empêcherait de tenir jusque-là sans manger. La conjoncture ne lui laissait d'autre alternative. Alors il regarda ses chiens, ces douze chiens qui peinaient sur leurs traits, sans une plainte, sans un geste de rébellion. Avec pour seule nourriture depuis quatre... cinq jours... il ne savait plus, quelques bouchées de neige arrachées à la piste.

Lequel ? Lequel sacrifier parmi ses fidèles compagnons ?

Et les yeux d'Amaamak remontaient vers la colline, là-bas, qui ne semblait jamais se rapprocher. Il ne s'en étonnait pas. Mieux que personne il connaissait ce curieux phénomène optique qui, dans l'Arctique, embrouille par temps gris la perception des distances. Il sait faire croire tout près une montagne éloignée, ou transformer en butte, lointaine et élevée, un simple tas de neige situé à quelques dizaines de mètres.

Mais l'Inuit n'avait pas hâte d'arriver. Il appréhendait trop cette halte. Là, engourdi de froid et de faim sur son *kamotiq*, il sombrait dans l'abattement. Il recherchait, à travers les croyances de son peuple, quel tabou il avait bien pu enfreindre pour aboutir à tant d'infortune après la grâce aussi providentielle qui l'avait arraché aux fureurs de la mer. Il craignait quelque malédiction de *chaman*. Et puis il voyait ses chiens en avant, Noulouk, Itak, Natik, Kalik... qui tous se dépensaient sans compter pour lui. Pour lui seul. Alors il se dit que tant de courage ne pouvait pas rester inutile. Peut-être qu'au sommet de cette colline se dressait une grande cache à viande ? Oui, c'est peut-être là-haut qu'elle était, la réserve d'ours ou de caribou.

— Allez, les chiens ! Courage, on s'en sortira, hurla-t-il.

La colline se dessinait plus nettement à présent avec, sur le dessus, quelques plaques sombres que le vent interdisait à la neige. « Un bon endroit pour bâtir une cache », pensait Amaamak, tellement certain maintenant que son salut l'attendait là-bas qu'il ne détachait plus son œil d'aigle de ce sommet de la dernière chance.

Il n'en était plus très loin, lorsque Noulouk montra des signes d'excitation. Au lieu d'avancer droit comme il le faisait jusqu'alors, voilà qu'il se mettait à zigzaguer, le nez collé à la neige. Bientôt il accéléra. Amaamak, obnubilé par la perspective de nourriture sur la hauteur, s'étonnait cependant qu'il puisse flairer de si loin une viande à laquelle le gel avait retiré son odeur. Il pensa plutôt à la piste d'un ours, bien qu'aucune empreinte n'apparût de part ou d'autre du traîneau. Mais tout l'attelage à présent s'animait et le chasseur, retrouvant la vie lui aussi, empoigna sa carabine et en fit jouer la culasse pour s'assurer que le froid ne l'avait pas bloquée. Il se tenait prêt, fouillant de tous côtés cette blancheur terne qui le cernait, se penchant pour interroger la neige, surveillant ses chiens... Sans que rien lui apporte de réponse au comportement de Noulouk. L'animal se dirigeait en plein sur la colline, sans

hésiter, la tête relevée maintenant qu'il était sûr de son fait. Amaamak concentrait son regard dans le même axe, balayant la pente de bas en haut, de haut en bas. Toujours sans succès. Jusqu'au moment où, à la faveur du rapprochement, il devina... Mais la clarté douteuse ne l'abusait-elle pas ? La grisaille ne créait-elle pas une illusion ? Non, c'était bien cela, un petit dôme de neige à la base de la butte : un igloo.

— *Uit*, Noulouk ! *Uit ! uit !* lança l'Inuit, fou de joie.

A peine l'attelage fut-il parvenu près de l'abri qu'il sautait du traîneau avec son couteau à neige et se précipitait pour enlever le bloc fermant l'ouverture. Une lumière timide se glissa à l'intérieur quand il le retira, et Amaamak, d'un seul regard, sut que le propriétaire ne reviendrait pas ce soir. Habitant d'une nuit, il n'avait rien laissé. Ni peau de caribou sur la banquette, ni ustensile de cuisine, ni réchaud, ni surplus de matériel... ni restant de nourriture. Pas même quelques os qui auraient témoigné de son succès à la chasse. Seulement des souillures sur la neige. Dehors, des crottes de chiens, un peu d'urine gelée autour des creux faits par les bêtes en dormant. Amaamak les compta : sept.

— Sept chiens seulement ! Petit attelage, fit-il, étonné.

Il était très déçu. Cette découverte si prometteuse ne lui apportait rien. Sauf le fait de n'avoir pas d'igloo à construire ce soir. Un avantage tout de même, avec ses forces amoindries. Déjà les chiens s'organisaient. Soucieux de ne pas laisser s'enfuir la chaleur due à la course, ils se repliaient vite sur eux-mêmes pour l'enfermer, pour mieux l'utiliser contre un froid qui les agressait chaque jour davantage. Plus un ne bougeait, que leur maître tournait encore autour de l'igloo. Il refusait d'admettre une réalité aussi absurde : croiser en plein désert le chemin d'un chasseur sans en retirer aucun secours. Il analysa les empreintes de l'homme aux septs chiens, hélas effacées au-delà d'un court périmètre. Emportant avec elles le secret de sa destination. La nuit allait bientôt tomber, pourtant, malgré l'épuisement, il ne pouvait s'arracher à sa folle espérance. Il décida d'escalader la colline, l'homme avait peut-être entreposé du gibier là-haut... La neige cédait sous son poids, lui imposant d'emprunter le versant exposé au vent pour moins s'enfoncer. Il prenait son temps et ménageait ses moyens, néanmoins la sueur perlait à son front quand il atteignit les parties à découvert. Les pierres n'y manquaient pas, de grosses pierres faciles à empiler... sans former de cache à viande pour autant.

Avant de repartir il fit un tour d'horizon, terriblement restreint par l'obscurité conjuguée du soir et des nuages, mais il ne remarqua rien. Que cet igloo, en bas, qui défiait sa solitude.

— Un homme chasse par ici, dit-il à haute voix. Il n'avait rien tué encore quand il a fait ce bivouac. Va-t-il rentrer chez lui ou s'attarder dans les parages ?

Cruelle incertitude qui subjugua Amaamak : bien que la faim le tourmentât affreusement, il décida de reporter au lendemain le sacrifice d'un de ses chiens. Il redescendit, rentra sous l'igloo en prenant peaux de caribou, réchaud et bouilloire, avala rapidement deux tasses d'un thé clair et tiède, puis disparut sous les fourrures. A peine venait-il de fermer les yeux qu'un hurlement lui arracha des frissons. Le cri d'une bête éperdue qui lançait à la nuit un appel déchirant : Noulouk implorant ces forces mystérieuses qui toujours laissent espoir à l'animal, tant qu'il lui reste un souffle de vie.

— Que le dieu des loups t'entende, Noulouk, dit doucement Amaamak.

14

Le lendemain, lorsque leur maître sortit de l'igloo, les chiens comprirent qu'une autre dure journée commençait. Ils se levèrent sans enthousiasme, s'étirèrent en accentuant davantage la platitude de leurs flancs, puis se mirent en route, peu convaincus par les encouragements et les claquements de fouet. Dans la nuit, le vent avait totalement balayé autour de l'igloo les quelques traces de son constructeur, si bien qu'Amaamak, doutant de sa mémoire, en vint à se demander si la faim ne lui dérangeait pas aussi l'esprit.

D'épais nuages contrariaient déjà le soleil, unique et faible indice pour situer le village. Et l'interminable cheminement reprit, au trot fatigué des chiens qui avançaient d'un air pitoyable, courbés, la queue basse. Amaamak leur parlait peu, économisant lui aussi ses énergies. Il rappelait seulement à Noulouk la direction quand celui-ci s'en écartait, et justement, il déviait sans cesse depuis un moment. Lui qui savait si bien suivre une ligne de marche, obliquait constamment vers le nord. Pas de façon très nette, plutôt en douceur, comme s'il ne pouvait plus concentrer son attention. Perplexe, Amaamak l'observait, mais du traîneau il ne voyait que son dos tendu par l'effort, l'arrière de son crâne dodelinant à chaque pas, sans que rien dans sa démarche résignée justifie cette attitude anormale. Il restait cependant obéissant, et rectifiait la faute dès que son maître lui en donnait l'ordre. Jusqu'à l'instant où, en plein milieu d'une plaine, sans raison apparente, il refusa d'abord d'obtempérer, pour ensuite prendre carrément sur sa droite.

Surpris, Amaamak retint pourtant sa voix. Il laissa faire Noulouk, en se disant qu'il n'agissait pas ainsi sans raison. « Aurait-il senti le chasseur et son attelage ? » Néanmoins, si cette attitude ravivait ses espoirs, elle l'intriguait aussi, car aucun des autres chiens ne réagissait à ce brutal écart. A peine si deux ou trois, que la fatigue accablait davantage, trébuchèrent dans la manœuvre, pour se reprendre aussitôt et continuer machinalement derrière leur chef. Amaamak cherchait une explication. Du traîneau il se penchait sur la piste, en quête de traces. Rien. Il fouillait la toundra en avant, imprécise sous le moutonnement des nuages. Rien. Il guettait le comportement des chiens. Rien. Seul Noulouk semblait savoir ce qui l'attirait par là.

A présent il empruntait une vallée sans doute bien connue des blizzards, car, à force de tassement, la neige supportait sans céder le traîneau et les chiens qui ne signaient leur passage que de la pointe des griffes. De chaque côté s'allongeaient deux escarpements de faible hauteur, qui disparurent bientôt pour laisser place à un plateau. Noulouk hésita un peu, puis mit le cap sur une série de mamelons qui, de loin, faisaient comme un gigantesque plissement d'étoffe. Sur le moment, Amaamak craignit d'engager ses bêtes dans une traversée inutile, mais la détermination de son chien de tête le convainquit.

Lui aussi s'en remit à sa décision. Parvenu à ce nouveau relief, l'animal progressa parallèlement jusqu'à un passage entre deux buttes, pour déboucher encore sur une étendue plate, entourée de coteaux sur trois de ses côtés. Là non plus, l'Inuit ne put déceler un seul signe capable de l'éclairer sur sa destination. Il commençait à s'impatienter. D'autant que le rythme était sérieusement tombé, avec cette neige tout d'un coup si molle que les chiens s'enfonçaient à mi-patte. Il descendit du *kamotiq* pour les soulager et c'est alors qu'il remarqua, à peine visible sous le travail du vent, le sillon discret d'un patin de traîneau. Il ne sut trop s'il devait s'en réjouir. L'empreinte ne semblait pas récente, et si bien sûr elle témoignait du passage d'un homme, en réalité cette présence supposée n'améliorait guère une situation exigeant une solution immédiate. Noulouk n'était-il pas en train de pister un équipage possédant des jours d'avance ?

— A quoi bon continuer ainsi, se demanda Amaamak, regrettant soudain furieusement d'avoir laissé agir son chien de tête qui venait de lui faire perdre un temps précieux.

Il s'orienta sur le soleil et ordonna de prendre à gauche, afin de revenir dans la direction d'Igloolik. Mais Noulouk n'obéit pas. N'en faisant qu'à sa tête, il entraînait la meute à la suite des traces. A plusieurs reprises, Amaamak lança ses *Auk ! auk !* Sans plus de succès. Que faire ? Corriger Noulouk et le remettre sur la bonne voie ? Et s'il avait raison ? Jamais Amaamak ne s'était vu contester ainsi par un animal. Pour la centième fois il envisagea les éléments de cette dramatique confrontation dont l'enjeu, dans un premier temps, était la vie d'un chien, celui qu'irrémédiablement il faudrait tuer ce soir, faute de nourriture. Perdu dans ses réflexions,

Amaamak regardait sans le voir son attelage stoïque emmener le traîneau. C'est presque avec surprise qu'il découvrit à nouveau, parallèles aux siennes, les marques du voyageur fantôme. Alors, d'un seul coup, l'idée de le rejoindre balaya ses dernières réticences.

— Allez, Noulouk ! cria-t-il, tout droit !

L'animal eut un mouvement de tête en arrière, soulignant sa satisfaction d'être enfin compris. Maintenant que la neige redevenait plus consistante, il imposait un meilleur train avec pour objectif, semblait-il, un mamelon dont la curieuse asymétrie lui donnait l'apparence d'une poire couchée. Noulouk allait plutôt vers le versant abrupt et Amaamak, réduit au rôle passif, scrutait d'un œil aigu la neige autant que l'horizon, sans que l'une ou l'autre lui révèle ce qui faisait courir son chien de tête avec tant d'assurance. Apparemment la meute l'ignorait aussi, beaucoup moins déterminée, lasse, comme si Noulouk, avec son nez de loup, percevait seul ces odeurs trop subtiles pour l'odorat d'un chien. Par-

venu devant la butte, il la contourna, passa au pied de la partie raide sans ralentir, pour aller en arrière, par la pente douce, entreprendre l'ascension.

C'est alors qu'Amaamak réalisa. Il sauta du traîneau et, levant les yeux vers les rochers dénudés, visibles seulement sur ce flanc-là, il laissa tomber avec une drôle de voix :

— *Qingneq !* La cache !

Noulouk venait de le conduire à une cache à viande. Et l'idée qu'elle pût être vide ne l'effleurait même pas. Les derniers mètres se firent à la course. Pantelants, l'homme et ses chiens touchèrent ensemble ce tas de pierres entassées à la manière d'un cairn, car leur trop faible taille ne permettait pas de les assembler solidement. Les plus grosses formaient les côtés et, fébrilement, Amaamak en déplaça quelques-unes pour mieux faire rouler celles du dessus. Il lui fallut en retirer des dizaines pour enfin mettre au jour une viande rosâtre pâlie par le gel.

— *Nanouk* ! murmura-t-il ; de l'ours, nous voilà riches.

Alors, délaissant brusquement son trésor, le chasseur endurci par toute une vie de dangers et de privations s'agenouilla devant Noulouk, lui prit la tête entre ses mains et la serra très fort contre son visage. Il demeura quelques secondes ainsi, avant de revenir à la viande qu'il dégagea mieux. Avec sa hache il en détacha deux quartiers soudés par le froid et les déposa sur son traîneau. Tous ses chiens l'entouraient en reniflant, les oreilles pointées, suivant ses gestes avec le regard dilaté de *Ookpik* guettant un lemming. Après avoir consciencieusement refait le tas de pierres, Amaamak monta sur le traîneau et regagna le bas de la pente où, sans plus attendre, il sortit casserole et réchaud. Pendant que la neige se liquéfiait doucement, il découpait la viande à grands

coups de hache. L'acier pénétrait avec un bruit sec, en projetant des copeaux rosés, durs comme des éclats de bois. Les chiens fixaient cette entaille grandissante, ils en mesuraient la profondeur avec une impatience étonnamment contenue, prélude à la curée toute proche qu'ils anticipaient en se passant délicatement la langue sur les babines. Par avance ils dégustaient la providentielle viande d'ours.

Amaamak partagea cette première tranche en petits morceaux, aussitôt jetés dans la casserole. Les chiens pétrifiés gémissaient de plus en plus fort. Une seconde entaille donna une tranche plus épaisse

qu'Amaamak divisa également. Lorsqu'il se baissa pour ramasser les morceaux, douze bêtes au bout d'une exaspération trop longtemps contenue se ruèrent sauvagement. Leur maître, désormais impuissant à les retenir, leur lança la viande si convoitée, en s'écartant prestement des morceaux tombés à ses pieds. Il s'ensuivit une épouvantable mêlée confondant les fourrures, les grognements, les cris. Chaque animal affolé saisissait de sa mâchoire redoutable soit la viande, soit les chairs d'un autre, prêt comme lui à laisser sa vie pour un morceau d'ours. Noulouk y perdit ses privilèges de chef,

jeté dans la bagarre sans autre autorité que la puissance de ses crocs. Amaamak, qui connaissait l'issue de la patiente attente de ses compagnons, avait découpé beaucoup de morceaux pour éviter que la bataille ne tourne au carnage. Chacun se calma lorsqu'il eut avalé plusieurs portions, mais la faim d'un chien de traîneau réchappé de pareille aventure ne s'apaise pas aussi vite. Les bêtes attendaient encore, dressées dans un lacis compliqué de traits et de harnais. Certaines portaient sur leur fourrure le prix ensanglanté de ce premier repas depuis cinq jours.

Amaamak refit une large distribution, tout en surveillant sa casserole d'où une légère fumée, aussitôt dissipée, s'échappait de l'eau trouble. De petits ronds huileux flottaient en surface et s'animaient sous les bouillonnements. Si la viande d'ours exige toujours une parfaite cuisson, aujourd'hui la pénurie de pétrole interdisait cette précaution à Amaamak. Il étouffa la flamme et se mit à manger. De son couteau il embrochait d'un coup deux ou trois morceaux qu'il avait pris soin de faire petits, afin qu'ils cuisent mieux et plus vite. Il les engloutissait en entier, sans vraiment les mâcher. Certains glissaient et tombaient sur la neige, aussitôt ramassés et avalés. De pleines tasses de bouillon chaud et gras accompagnaient cette chair un peu filandreuse, et permettaient à l'estomac de mieux l'accueillir après un si long jeûne. Très vite, la lame du couteau ne rencontra plus de viande, alors Amaamak but à même la casserole tout le liquide restant, pour enfin saisir avec ses doigts les quelques bribes oubliées dans le fond.

Ce n'est qu'à ce moment, quand il ne subsista plus rien, qu'il eut conscience d'avoir mangé. Trop pressé de faire taire sa faim, il ne s'était que goulûment rempli le ventre pour aboutir à cette lourdeur de tout son être qui le comblait maintenant de satisfaction. Même le froid s'était calmé. Amaamak n'y portait plus attention, assis sur son traîneau, engourdi de bien-être. Il repassait les événements : la course obstinée de Noulouk, la découverte de la cache. Il cherchait à comprendre. Noulouk n'avait-il fait que suivre des traces recouvertes de neige ? Savait-il qu'elles menaient à une cache pleine ? Comment ? Par quel moyen ? La réponse n'existait pas. Les faits seuls comptaient, avec une singulière évidence : Noulouk flairait depuis longtemps la piste, alors que ses compagnons ne la soupçonnaient même pas. Instinct supérieur du loup ? Amaamak l'en remercia encore d'un regard bienveillant, que l'animal ne vit pas car il dormait. Comme d'ailleurs les onze autres chiens qui, tout à fait repus, récupéraient de leur fatigue et de leurs privations.

Leur maître en aurait bien fait autant, mais il voulait jouir un peu plus de cet instant exceptionnel. Il pensait au chasseur inconnu qui lui avait offert ce festin. Il imaginait l'homme au traîneau trop chargé pour ses sept chiens, contraint de déposer sous les pierres une partie de sa chasse. Il devinait sa surprise, lorsque en revenant la prendre, il découvrirait qu'il manquait deux quartiers. Il n'en serait pas furieux. Bien au contraire. Pas un seul instant il ne dirait qu'on les avait volés, conscient de l'impérieuse nécessité qui avait conduit quelqu'un à pareil geste. La joie et la fierté d'avoir secouru un chasseur en difficulté le dédommageraient au centuple. Savourant son bonheur, Amaamak ne s'inquiétait pas du temps qui, plus que jamais, lui échappait. Trop d'événements venaient d'en bousculer l'ordonnance pour lui donner là, maintenant, l'envie d'en reprendre possession. Le jour, malgré sa faiblesse, laissait encore espérer quelques heures de clarté, mais plus rien ne pressait aujourd'hui. Sans doute restait-il un long chemin à parcourir jusqu'au village, mais c'eût été irréaliste de vouloir l'entreprendre aussitôt.

Amaamak décida de passer la nuit là et, comme la neige offrait une résistance acceptable, il se mit à découper les blocs nécessaires à la construction d'un igloo. Une heure après, le dôme s'arrondissait. Sitôt ajustée la clef de voûte et comblés les interstices, l'Inuit se retirait pour la nuit. Les ténèbres n'envahissaient pas encore la toundra, qu'il touchait déjà les tréfonds du sommeil.

Quand il rouvrit les yeux, une clarté discrète filtrait à travers le mur de neige. Aussitôt il sortit saluer ce jour neuf qui étincelait déjà dans l'azur d'un ciel sans nuages. Les plaintes de la neige sous les bottes de peau réveillèrent les chiens qui, spontanément, furent sur pied pour bailler, pour s'étirer, pour redécouvrir leur corps peu ménagé ces derniers jours. Tout ce temps passé sans quitter les harnais faisait qu'un grand nombre de nœuds embrouillaient les traits, soudés en maints endroits par l'urine gelée. Amaamak les arrangea un peu, rapidement, car il voulait repartir au plus tôt. Il ignorait les difficultés à venir et, si jusque-là son attention s'était mobilisée sur lui et ses chiens, à présent il ne pensait qu'à sa famille et ses amis qui devaient s'inquiéter au village. Pourtant, avant de mettre à l'épreuve la vigueur revenue de l'attelage, il devait encore glacer les patins du traîneau, dans un état lamentable. Il lui restait si peu de pétrole qu'il avait attendu ce moment pour faire chauffer d'un coup l'eau du thé et celle du glaçage. Mais la flamme mourante ne put que lui fournir un fond de casserole à peine tiède. Il sacrifia le thé pour en badigeonner vivement le métal poli, débarrassé de ses aspérités au couteau à neige. Maintenant il pouvait y aller. Un cri, et les chiens s'élancèrent, laissant rapidement en arrière cette colline bénie qu'Amaamak regarda plusieurs fois disparaître par-dessus son épaule.

Si le soleil indiquait de façon nette la direction, le relief obligea bientôt à composer. Après avoir un peu suivi la piste de la veille, l'attelage abordait maintenant un terrain tourmenté, dont les dénivellations, combinées à des surfaces de consistances diverses, compliquaient la progression. Difficile pour Noulouk d'éviter ces terribles cuvettes où le traîneau doublait soudain de poids, où la neige s'évanouissait sous la patte pour venir se coller en grappes aux poils du ventre. L'animal mettait toute sa science en pratique, mais la nature imprévisible de ces passages torturés par les vents le tenait en échec comme un débutant. Ce n'est qu'au détour d'une falaise, face à une immense étendue plate, que l'allure redevint normale. Noulouk se retourna indécis, et Amaamak lui-même se demandait quelle direction prendre. Pas de limite à ce désert. Rien qui puisse renseigner. Que de la neige succédant à la neige. Avec la même indifférence. L'ombre fuyante de l'homme et de ses chiens donnait une indication trop vague, à présent que le chemin parcouru les rapprochait d'Igloolik, et qu'il ne fallait surtout pas rejoindre la côte n'importe où. Voyageant encore en région inconnue, Amaamak ne pouvait pourtant se fier qu'au soleil et au vent. Le premier luisait heureusement sans retenue, et le second avait sculpté la neige de façon bien particulière du côté où il soufflait le plus souvent. C'est en étudiant ces vagues pétrifiées qu'Amaamak décida de traverser la plaine en diagonale, selon un axe nord-ouest.

Malgré le soleil, le froid restait vif. Il arrachait des grimaces à l'homme, la tête enfoncée dans son capuchon, tandis que les chiens arboraient de grosses moustaches de givre. Le bruit régulier des patins, et aussi quelques ordres, rythmaient cette longue course monotone qui ne s'interrompit qu'au fond de la plaine. La halte s'adressait aux chiens, dont certains commençaient à boiter, gênés par les boulettes de neige durcie qui se formaient sous leurs pattes. Du bout des dents, chacun s'employait à éliminer ces nuisances, pendant qu'Amaamak, une autre fois, vérifiait la route.

En repartant, il obliqua légèrement vers le sud et, au sortir d'une succession de vallées, il reconnut enfin son pays. Timidement tout d'abord, jusqu'à ce que l'originalité du relief lui retire ses dernières hésitations. Son regard désormais s'appuyait sur des points d'orientation retrouvés : la découpe particulière d'une falaise, la disposition d'un ravin, le dos rocailleux d'une colline... Détails qui marquèrent sa mémoire la première fois qu'ils servirent de jalons, et précieux repères aujourd'hui. Grâce à eux, Amaamak évalua la distance à couvrir encore, et douta d'y parvenir avant la nuit. Il le fallait pourtant. Alors, tandis que jusque-là il avait confié à Noulouk la responsabilité du train, il en reprit le contrôle.

Après quelques paysages peu distinctifs se dessina le serpentement d'une rivière où l'Inuit se souvint d'être venu, naguère, tendre des filets à saumon. Sans hésiter il engagea l'attelage dessus, bien que la couverture de neige, très inégale, tantôt formât des congères en travers, tantôt, inexistante, laissât à nu la glace vive, de peu de prise pour les griffes des chiens. Sur ces endroits lisses le traîneau ferré glissait de travers, obligeant son conducteur, accroché à l'arrière, à constamment le ramener dans la bonne direction par des poussées contraires. Néanmoins, ce « chemin d'hiver » permettait d'éviter l'escalade de nombreuses pentes très raides, incomparablement plus exigeantes en temps et en efforts. Amaamak emprunta largement cette rivière, jusqu'au moment où les berges s'élevèrent, annonçant une vitesse accrue du courant qui rendrait vite la glace trop dangereuse. Il était temps d'en sortir, et le premier affaissement qui se présenta fut pris d'assaut par les chiens. A l'appel de leur maître, ils bondirent sur cet obstacle de deux fois leur hauteur, empêtrés dans leurs traits, se gênant entre eux, replantant les griffes dans la neige croûteuse, pour enfin se hisser d'une incroyable poussée des pattes de derrière. Restait à faire passer le traîneau. A grand-peine, Amaamak souleva l'avant des patins qu'il posa sur la bordure, puis il cria à Noulouk l'ordre d'avancer et lentement, grâce à l'effort de l'homme et de ses chiens, le *kamotiq* quitta le lit de la rivière. La manœuvre laissait chacun haletant derrière les volumineuses bouffées blanches que libéraient les respirations. Amaamak était en nage, pourtant il se rassit sur la caisse et relança la meute aussitôt.

Aucune halte n'était possible à présent. Le soleil ne délivrait déjà plus qu'une lumière sans éclat, que le ciel clair assurait néanmoins d'un déclin prolongé. C'était la chance d'éviter un autre bivouac, et l'Inuit demandait le maximum à ses chiens pour ne pas la manquer. Tout à fait conscient que le seul repas d'hier soir ne suffisait pas à effacer leur fatigue, il les forçait quand même, en proie subitement à la hantise de devoir construire un autre igloo et y dormir sans même pouvoir se faire une tasse de thé. Les

encouragements se transformaient en ordres et, malgré l'ardeur des bêtes, l'allure ne demeurait rapide qu'à force de menaces, davantage exprimées avec le fouet que la voix. D'un vaste mouvement ondulatoire de la longue lanière, Amaamak touchait sans erreur l'animal qui ne tirait pas à plein harnais. Maintenant la course contre la nuit était engagée. Le soleil avait basculé derrière la toundra et n'en laissait remonter qu'une lueur rosâtre de bien piètre brillance. Depuis un certain temps, d'autres pistes apparaissaient, qui se croisaient, se chevauchaient et, mieux que les claquements du fouet, ces signes indiscutables de la fin de l'étape arrachaient ses ultimes ressources à chaque animal. L'obscurité gagnait à grands pas, encore trahie par un restant de crépuscule et quelques dizaines de constellations. Mais voilà qu'au ras du sol, là-bas, des lumières tremblotantes... C'était Igloolik.

Amaamak lâcha un grand cri de victoire, auquel ses douze chiens répondirent par un sursaut d'énergie tel qu'il effaçait, sur ces dernières centaines de mètres, la somme des misères de cet épouvantable périple.

Ce furent leurs compagnons, attachés près des premières maisons, qui annoncèrent leur arrivée.

D'aussi loin qu'ils les sentirent ils se mirent à crier, imités peu à peu par toutes les meutes du village. Ainsi, quand l'attelage s'engagea dans Igloolik, c'est un formidable concert d'aboiements qui salua son entrée. Intrigués par tant d'énervement, des Inuits sortirent devant leur porche, et c'est alors un autre bruit qui courut de maison en maison :

— Amaamak est de retour, Amaamak est de retour !

Parti pour quelques heures chasser le phoque, l'homme revenait six jours plus tard, fourbu, sans gibier, avec un chien en moins, et cependant le sentiment d'avoir été bien servi par la chance.

A peine Noulouk et les siens atteignaient-ils l'habitation de leur maître que déjà les amis accouraient : Natumak, Kudlalak, Qiliqsuak, Amarualik, le vieil Aullaluk...

— On savait bien que tu n'étais pas perdu, s'exclama Natumak, avec un chien de tête comme Noulouk !

— Tu ne pouvais pas mieux dire, sans Noulouk je ne serais sûrement pas là ce soir. C'est bien le meilleur chien que j'aie jamais connu.

Puis, tandis que certains s'occupaient d'enlever les harnais et d'apporter à manger à l'équipage, les autres s'engouffraient chez Amaamak pour ne pas manquer le récit de son aventure.

Plus tard, alors que le rescapé n'était encore qu'à la colère de la banquise, un hurlement le fit taire, et tous avec lui écoutèrent en silence Noulouk confier sa longue plainte aux étoiles. Mais seul Amaamak en saisit vraiment tout le sens.

Achevé d'imprimer
le 22 août 1986
sur les presses de
l'Imprimerie Hérissey
à Évreux (Eure)

N° d'imprimeur : 40825
Dépôt légal : Août 1986
ISBN 2-07-033358-2

Imprimé en France

38852